极简管理

西武 张毅 著

辽宁人民出版社

Ⓒ 西武 张毅 2018

图书在版编目（CIP）数据

极简管理 / 西武，张毅著 . —沈阳：辽宁人民出版社，2018.12
ISBN 978-7-205-09421-8

Ⅰ . ①极… Ⅱ . ①西… ②张… Ⅲ . ①管理学 Ⅳ . ① C93

中国版本图书馆 CIP 数据核字（2018）第 218621 号

出版发行：辽宁人民出版社
　　　　　地址：沈阳市和平区十一纬路 25 号　邮编：110003
　　　　　电话：024-23284321（邮　购）024-23284324（发行部）
　　　　　传真：024-23284191（发行部）024-23284304（办公室）
　　　　　http://www.lnpph.com.cn

印　　　刷：	天津旭丰源印刷有限公司
幅面尺寸：	145mm × 210mm
印　　张：	8
字　　数：	153 千字
出版时间：	2018 年 12 月第 1 版
印刷时间：	2018 年 12 月第 1 次印刷
策划编辑：	蔡　伟
责任编辑：	祁雪芬
封面设计：	杨龙设计
版式设计：	新视点
责任校对：	常　昊
书　　号：	ISBN 978-7-205-09421-8

定　价：42.80 元

序：极简就是力量

400年前,培根爵士曾写下"知识就是力量"这句至理名言,一直被人们信奉。但随着时代的发展,这句话已经跟不上潮流了,因为我们所处的时代与培根爵士所处的时代已经大不相同。当今是个不断创新、信息爆炸的时代,当我们学会如何运用已掌握的"知识"来从容应对纷繁复杂的事物时,"知识"才能转化为"力量"。

这种力量的基础,在于区分"紧急事务"和"重要事务"的能力,在于从周围多得令人窒息的信息中找到关键信息并快速理解的能力。这是一种化繁为简的能力,是一种由"知识就是力量"上升为"极简就是力量"的能力。

这是一个追求极简的时代,无论在生活还是企业经营上,大家都以极简为目标。人们似乎厌倦了高楼大厦、灯红酒绿,而向往"风吹草低见牛羊"的草原生活;吃腻了大鱼大肉、生猛海鲜,而喜欢"纯天然无公害"的绿色食品；受够了快节奏的现代化大都市生活，而向往碧海蓝天的大自然。越来越多的人向往返璞归真、极简自然的生活。

生活如此，企业经营更是如此。为了更有效地参与国际市场竞争，现代企业对经营管理的理念进行了转变。自20世纪80年代以来，国际商业界兴起了影响深远的业务重整之风。许多欧美企业开始大规模抛售非主导业务（包括非盈利和正在盈利业务），目的是为了重建核心产业优势。

可口可乐公司曾经一度推行多元化战略，涉足水净化、白酒、养虾、塑料、乳制品及水果蔬菜甚至电影业等，主业因此受到了重创。直至20世纪80年代中期，情况才发生了变化。可口可乐公司放弃了与饮料无关的业务，加强了海外市场的拓展，开始进行罐装生产，利润再度膨胀。

英国最大的百货公司——马狮百货集团（Marks & Spencer）是世界闻名的大百货连锁商，其采用的就是单一品牌策略：马狮百货只卖圣米高品牌的产品。它为顾客购物提供了方便，不会使顾客无所适从，虽然品牌单一，但花色和种类繁多，可以满足顾客不同的需求，同时节约了大量促销费用。如今，马狮的圣米高被公认为是优质的象征。越来越多的企业所制定的发展方针、战略都趋于"极简"。

所以，在企业管理中，做任何事情之前，请树立这样一种信念：

极简就是力量。拥有这种力量并非易事,这需要我们改变一些习惯。如果你是一位管理者,你必须清楚,公司提供的工具、信息等是基于员工的需要,而且这些基础设施会帮助员工更顺利地工作。明智的公司决策者会把员工和顾客希望解决的问题放在第一位,然后再解决其他问题。

极简管理,与其他管理理念一样,都是推动事业成功的力量,不同之处在于,如果想创造极简的工作方式,就不能在鸡毛蒜皮的琐事上大费周章。

I 管理，越简单越好

不堪重负的时代 / 003
人为制造的复杂 / 005
狄德罗的睡袍 / 009
压力带来复杂 / 012
管理无技巧，越简单越好 / 016
把大公司做小 / 019

II 制订极简的计划

知道自己要做什么 / 025
别让工作追着跑 / 029
制定一分钟目标 / 033
只有一只手表 / 036
时刻记得终极目标 / 040
写下第二天的工作 / 043
做好时间管理 / 047
凡事必有顺序 / 051
制订极简计划的技巧 / 056

III 用最直接的方式

以问题为中心,就事论事 / 059
不做不值得做的事情 / 063
收集极简工作的技巧 / 066
别用跳高的方法跨栏 / 072
提高效率的7个秘诀 / 076
经验有时很管用 / 079
抓住事物的关键 / 082
抓住核心而非全部 / 086
寻找最直接方法的技巧 / 089

IV 进行极简的沟通

沟通是个无底洞 / 093
沟通要到位 / 096
主动与上司沟通 / 098
积极与下属沟通 / 102
抓住沟通的诀窍 / 104
不做无效的争论 / 110
不要轻信心领神会 / 113
进行极简沟通的技巧 / 116

V 制作极简的报告

只有一页的报告 / 119
详略得当，内容精简 / 122
最重要的是突出重点 / 126
注重与上司互动 / 131
邮件越短，越容易阅读 / 134
缩短制作PPT与报告的时间 / 138
不要小题大做 / 140
有效地过滤你的邮件 / 142
采用极简报告的技巧 / 145

VI 进行极简的协作

排除他人的干扰 / 149
敦促每个中间环节 / 153
保持极简的交往 / 157
委婉地表达拒绝 / 161
把工作当成娱乐 / 168
诚信是极简管理的灵魂 / 173
给下属足够的空间 / 176
进行极简协作的技巧 / 179

VII 强调执行的文化

极简管理的本质是文化管理 /183
建立执行的文化 /186
统一核心价值观 /188
极简管理是一种思维 /190
想要什么,你就奖励什么 /193
强调什么,你就检查什么 /197
重结果,轻过程 /202
进行"五清"管理 /204
强调执行文化的技巧 /207

VIII 建立极简的机制

形成一种自然秩序 /211
进行"减法"经营 /214
"KISS"原则 /217
标准化、流水线作业 /223
以客为尊,一切皆极简 /228
让产品极简化 /231
让营销极简化 /235
最重要的是责任体系 /238
建立极简机制的技巧 /244

1

管理，越简单越好

墨菲定律说：把事情弄复杂很简单，把事情弄简单却很复杂。的确，要想把一件复杂的事情搞得简单而有效，确实不是件容易的事情，管理无技巧，越简单越好。如果说四两拨千斤是中国功夫的精髓，那么化繁为简就是管理实践的最高境界！

既拥有大公司的组织躯壳,又拥有小公司的灵魂,像小公司一样采取灵活机动的行动,这应该是所有管理者梦想中的企业组织。

对工作来讲,制造复杂就是制造障碍;对个人来讲,制造复杂就是制造劳累;对人际交往来讲,制造复杂就是制造争斗;对事业来讲,制造复杂就是制造失败。

人类在潜意识中都有好大喜功的恶习,总喜欢把事情变得复杂,他们不甘于简单,而更愿意制造复杂,没有条件制造工作方面的复杂,就在人际关系方面制造复杂。

过于沉重的工作压力对我们有很大的不良影响,不仅会造成身体上的损害,也不利于有效地开展工作。很多事情并不是那么复杂,而是压力让简单的事变得难以驾驭了。

人不是小虫子,但人在社会生活中的所作所为又像极了小虫子,只不过背上的东西变成了"名、利、权"。有些人总喜欢把别人的压力放在自己身上。

不堪重负的时代

进入21世纪,我们拥有越来越多的财富,我们的科学技术越来越高端,我们可以很容易地满足自己的需要。但不可否认的是,人类已经进入了一个不堪重负的时代。截至2018年元旦,世界人口总数已突破了74亿,全球环境问题越来越严峻,人与自然的矛盾空前激化。同时,我们的生活也变得紧张和沉重,人们为生活奔波,为工作压力所苦,休息和娱乐时间越来越少。

最为严重的是,我们的企业正在不断膨胀,文件越来越多,制度越来越烦琐,效率越来越差。

在今天,很多大公司结构复杂,企业员工数量在呈数倍增长,导致了员工之间相互制造的矛盾等呈几何增长。如果公司只有10个员工,那么员工之间可以彼此保持联系;如果公司有1000名员工,一对一的交流会变得非常困难;如果公司有10000名员工,那么员工之间的相互交流会更难。

在我们所处的企业中，只要留心观察就会发现，一份常见的商业建议往往会有厚厚的一叠，一个平常的会议会讨论一整天，一次简单的交流会耗去几个小时，再看看一些高层经理的个人计划，计划中的目标数不胜数。为了处理由企业规模产生的员工之间的复杂交流，我们还需要建立更复杂的系统。

虽然我们的物质生活比过去任何一个时代都富足和舒适，但是我们的幸福感和满足感却比任何时代都匮乏。我们创造了前所未有的财富，却发现自己成了这些巨大财富的奴隶。

两千多年前，苏格拉底站在熙熙攘攘的雅典集市上感叹："这儿有多少东西是我不需要的！"虽然，我们不能也不该回到那个"小国寡民"的时代，但苏格拉底的感叹值得我们深思。

我们已被太多的欲望压得喘不过气，在这个已经严重超载的世界和极其臃肿膨胀的社会里，我们显得有些不堪重负。

墨菲定律说：把事情弄复杂很简单，把事情弄简单却很复杂。的确，要想把一件复杂的事情搞得简单而有效，确实不是件容易的事情。面对这个复杂和不堪重负的世界，我们想问的是：是什么导致了今日的复杂？我们又是如何制造出今日的复杂呢？

人为制造的复杂

为什么事情会越来越复杂,企业会越来越庞大呢?首要的一个因素就是人类都有好大喜功的恶习,总喜欢让事情变得复杂。笔者曾在杂志上看到这样一个故事:

有一个人风尘仆仆地来找朋友,饥肠辘辘,想吃一碗可口的面条、米饭或者稀粥之类的便饭来充饥。可他的朋友十分热情地带他下馆子,点了十几个菜,拿了过百元的酒,他一再地跟朋友说,自己此时只需要一碗饭,可朋友就是不听。

奈何盛情难却,此人只好就范,没来得及吃上几口菜,却喝了许多酒。最后酩酊大醉,饭再也吃不进去了,腹中依然空空如也,徒增痛苦和难受。

在日常生活中，我们常常把自己的想法和意愿投射到别人身上：自己喜欢的人，以为别人也喜欢；自己喜欢吃的饭菜，以为别人都喜欢。因此，有的父母总喜欢为子女规划前途、选择学校和职业。

一旦我们错误地把自己的想法和意愿投射到别人身上，不但会给自己带来麻烦，也会给别人带来无穷无尽的烦恼。其实，这个世界上的很多事情，就像故事中客人的要求一样，可以填饱肚子就行了，简简单单。可是作为聪明的高级动物——人，却有着十分复杂的思维，他们将简单的事情变得复杂。

所以，对工作来讲，制造复杂就是制造障碍；对个人来讲，制造复杂就是制造劳累；对人际交往来讲，制造复杂就是制造争斗；对事业来讲，制造复杂就是制造失败。

工作中有很多这样的例子：在公务中，用电话就可以解决的事情，我们偏要用很长的文件传达；用文件就能通知的事情，我们却要开很长的会来解决；在会议上几句话就能说明白的事情，我们却要讨论一上午。

比如领导A君嘱咐起草一个文件，E兄认为该文件是F兄管辖范围内的事，于是F兄就起草一个初稿。初稿送到C先生那儿，C先生大加修改后送D先生会签。D先生本想把文稿交给G兄去办，不巧G兄请假不在，文稿转到H兄手里。H兄写上自己的意见，经D先生同意送还给C先生。C先生采纳了意见，修改了草稿，然后把修改稿送呈A君审阅。

A君怎么办呢？

本来他可以不加审查，签发了事，但是他的脑袋里装了许多其他问题。

他盘算到明年自己该接W君的班了，所以必须在C先生和D先生之间物色一位来接替自己。还有严格来说，G兄够不上休假条件，可是D君又批准他走了，H兄的健康状况不佳，脸色苍白，部分原因是闹家庭纠纷，应该让H兄休假才对。此外，A君要考虑F兄参加会议期间增发工资的事，还有E兄申请调往养老金部工作的问题，A君还听说D先生爱上了一个女打字员，那可是个有夫之妇。G兄和F兄闹翻了，已经到了互不理睬的地步。

同事们相互制造了矛盾，也给A君制造了矛盾，重重矛盾扰得他心烦意乱，而起因无非就是有这么多大大小小的领导存在。因此，当C先生把修改的文件送来时，A君本想签个字发了完事，可A君呢又是一个办事极为认真的人，他决不敷衍塞责。于是，他仔细阅读文稿，删去C先生和H兄加上的啰唆话，把稿子恢复到精明能干的F兄最初起草的样子，改了改文字——这些年轻人完全不注意语法——最后定了稿。

这份定稿，假如说这一系列的官儿根本不存在的话，A君也是可以弄出来的。人多了，办同样的事花费的时间反而比过去更多了。

工作越是清闲的单位，是非矛盾越多。为什么呢？因为人类都有好大喜功的恶习，总喜欢把事情变得复杂，比起简单，他们更愿意制造复杂。没有条件制造工作方面的复杂，就在人际关系方面制造复杂，以此来填补制造复杂的欲望。人原本是很简单的，可人的欲望却非常复杂，其实很多复杂的问题都是人为制造出来的。

我们都知道复杂就意味着困惑、劳累，可人们又在不经意中制造出各种复杂，没有人喜欢复杂，可总有人乐此不疲地制造复杂。人类的大脑越聪明，思维就越复杂，所以聪明的人喜欢复杂，但是聪明并不意味着高效率。

狄德罗的睡袍

除了人类本能的欲望使我们的思维善于、乐于制造复杂之外,制造复杂的第二个重要因素是"狄德罗效应"。

在18世纪的法国,有个哲学家叫丹尼斯·狄德罗。有一天,朋友送他一件质地精良、做工考究、图案雅致的酒红色睡袍,狄德罗非常喜欢,他穿着华贵的睡袍在家里踱来踱去,越发觉得家具不是破旧不堪,就是风格不对,地毯的针脚也粗得吓人。

慢慢地,旧物件挨个被换成了新的,先是桌子,然后是椅子、地毯,最后书房也跟上了睡袍的档次。狄德罗坐在帝王气十足的书房里,可他却觉得很不舒服,因为自己居然被一件睡袍胁迫了。他把这种体会写成文章,题目就叫《与旧睡袍别离之后的烦恼》。

两百年后，美国哈佛大学经济学家朱丽叶·斯格尔读到了这篇文章，发出了相同的感慨。朱丽叶在《过度消费的美国人》一书中，提出了一个新概念——"狄德罗效应"，指的就是新睡袍导致新书房、新领带进而导致新西装的攀升消费模式。

康奈尔大学的经济学教授罗伯特·弗兰克也信仰极简主义，他出版的《奢侈是一种热病》讲了一个烧烤架的故事，与狄德罗的睡袍有异曲同工之处。

在20世纪80年代，弗兰克教授花100美元买了一个烧烤架。后来烤架的点火按钮坏了，架板也生了锈。弗兰克在修理它还是买新烤架的选择中，犹豫了很久。当弗兰克决定买一个新烤架时，经了解，他才发现烧烤产品进步多么快。

弗兰克教授的旧烤架可同时烤上两只火鸡、一只小乳猪和40斤玉米，这对他来说已经足够了。当他得知这种烤架已经很落后，而换代产品售价5000美元时，他简直无法想象新产品的功能会是什么样。

弗兰克教授最后还是选择了修烤架，拒绝斥巨资购买功能远远超出实际需要的烤架。但并不是每个人都会这么想，因为新烤架已在美国畅销，年创产值已经达到12亿美元。为此，弗兰克教授深刻地意识到，这种无意义的先进产品正诱惑着人们不断消费，人们对奢侈品的盲目欲望就像热病一样蔓延。

"狄德罗效应"无处不在,"奢侈的热病"又四处蔓延,要想让人们达到极简,真的没有想象得那么容易。

压力带来复杂

对于个人来说,制造复杂的第三个重要因素就是压力,你的压力给你带来复杂。

随着竞争越来越激烈,人们的工作压力也在相应地加大。我们时不时会听到周围亲朋好友发出诸如此类的抱怨:如今竞争太激烈,工作压力太大,有时甚至超出了人的承受范围;工作上努力了,却没有回报,领导语重心长地说,某某,努力一点儿啊;同事之间有竞争,和同事的关系老是搞不好,年年评不上单位先进工作者;厌倦了原先的那份工作,想换个更好的单位和环境,可又没有那个能耐……

事实的确如此,现代社会是一个"压力的社会"。人们的工作、生活、学习都非常地紧张、繁忙,在充满竞争和压力的环境下,人们很容易感到来自工作上的重重压力。

人不可能没有压力。压力在生活、工作中无处不在,人们几乎每天都生活在压力之中。如果压力太大，超出了人们所能承受的范围时，不及时排解和调适的话，就很容易产生身心疾病。有些人顶受不住工作压力，出现了头痛、失眠、焦虑等症状，甚至产生了一些变态心理。

过于沉重的工作压力会对我们造成很大的不良影响，它不仅不利于有效地展开工作，而且也不利于身体健康。很多事情并不复杂，而是压力让简单的事变得难以驾驭了。

有一则寓言，说的是有一种小虫子很喜欢捡东西，在它所爬过的路上，只要是碰到的东西，它都会捡起来放在背上，最后它被身上的重物压死了。

人不是小虫子，但人在社会生活中的所作所为像极了小虫子，只不过背上的东西变成了"名、利、权"。有些人总喜欢把别人的压力放在自己身上。比如，看到别人升职、发财，就总会纳闷，为什么会这样呢？为什么不是自己呢？人总是贪求太多，把重负一件一件披挂在自己身上，舍不得扔掉。

假如人能学会取舍，学会轻装上阵，学会善待自己，凡事不跟自己较劲，甚至学会倾诉、发泄、释放自己，人还会被生活压倒吗？其实只要尽了力，做好自己的工作就行了。你应该仔细辨别一下你能控制和不能控制的事情，然后把两类事情分开，归为两类，并列出清单。

开始一天的工作时，首先给自己个约定：不管是工作中还是生活中的事情，只要是自己不能控制的就由它去，不要过多地考虑，徒增压力。与其让自己无谓地烦恼，不如想一些开心的事，多学一些知识，让生活充满更多色彩。

如果可以的话，你应该把工作进行分摊或是委派以减小工作强度。千万不要陷到这样一个可怕的泥潭当中：认为你是唯一能够做好这项工作的人。如果这样的话，你的同事和老板同样也会有这种感觉，于是就会把工作尽可能地都加到你身上。这样你的工作强度就大大增加了。

面对压力，最好的办法是转移压力。压力太大承受不住了，那就放下来不去想它，把注意力转移到能让你轻松快乐的事上来。比如做一下体育运动，体育运动能使你很好地发泄，运动完之后你会感到很轻松，这样就可以把压力释放出去。等心态调整平和后，已经足够坚强的你，还会害怕面前的压力吗？

最后，要学会化解压力。

当你的大脑一天到晚都在想工作时，工作压力就形成了。此时一定要平衡一下生活。分出一些时间给亲人、朋友等，最重要的是娱乐，娱乐是化解压力的良方。

休息一下，呼吸一下新鲜空气。一天中多进行几次短暂的休息，做做深呼吸，可以使大脑放松，防止压力情绪的形成。千万不要放任压力情绪的发展，不能让这种情绪在一天工作结束时压倒你。化解压力的一个关键技巧是不要把受到的批评个人化。当接收到反面评论时，你就把它当成是能够改进工作的建设性批评。

看到上面介绍的方法，你也许会认为减轻压力其实也很简单。但是，当我们被压力驱使而无力跳出，进行分析思考时，减轻压力就不那么容易了。因此，我们应该时常从繁忙的工作中抽出身来，分析分析自己的现状。只要保持一颗清醒的头脑，使自己放松就不会太难。

管理无技巧，越简单越好

古人说：大道至简。面对复杂多变的外部环境和繁杂的内部形势，企业管理者，特别是高层管理者能否清醒地透过现象，把握好事物的本质，采取简单有效的手段和措施去解决问题，并营造使管理极简化的机制，是企业能否持续发展的不二法门。

著名的二八法则指出，在因与果、投入与产出、努力与收获之间，本来就存在着不平衡的关系。典型的情况是，80%的收获来自20%的努力。所以，经理人在执行这个法则时，要遵循二八法则的聚集原则，具体到管理上就是：管理无技巧，越简单越好。

如果说，"四两拨千斤"是中国功夫的精髓，那么，"化繁为简"就是管理实践中的至高境界。

在企业经营和企业管理上，要使之获得高效，最有效的方式就是诸事简洁。德国人和日本人的商业成功之道，让人们认识到，企业经营的高效来自于简洁。他们明白,商业上的最大错误就在于人们把问题过于复杂化,忘记了成功的最重要因素是常识和简单。

当企业处于一个纷繁复杂的环境时,采取从简切入、化繁为简、以简驭繁的思路和方法,往往可以避免繁中添乱,巧妙地化解矛盾,从而起到奇效。

企业也是一样,很多领导者把自己的企业装点得像模像样,可是企业怎么也发展不起来,实现不了企业的终极目标。其实,极简管理倡导化繁为简、以简驭繁的管理理念和方法。要求管理者和员工在真正掌握问题本质的基础上,找出事物的规律,最大限度减少资源的浪费,更高效地实现企业的目标。

极简管理是管理的常识,应该成为所有管理者基本的管理常识和管理准则。随着社会信誉体系的建立和市场竞争规则的完善,极简管理将进一步成为管理者寻求有效管理理念的基本原则,极简管理本身也会成为管理者普遍奉行的基本管理模式。

杰克·韦尔奇非常推崇极简化管理,他说:"作为领导者,一个人必须具有表达清楚准确的自信,确信企业中的每一个人都能理解事业的目标。然而做到企业简化绝非易事,人们往往害怕简化。他们往往会担心,一旦他们处事简化,会被认为是头脑简单。事实恰恰相反,唯有头脑清醒、意志坚定的人才是最简化的。"

极简管理是中外优秀管理者追求的最高境界。管理追求的是效率和效果的统一，即用一定的资源去实现更高的目标，或者用最少的资源去实现一定的目标。因此，在日常的管理过程中，管理被简化为两个基本的命题，一个是低成本，一个是可操作性。而极简才能更大程度地降低成本，极简才更具有可操作性。

把大公司做小

优秀企业的一个主要特征就是,他们知道保持事情极简的重要性,不管多复杂的事情都能把它简化,变得简单易行。

2003年上半年的某一天,海尔总裁张瑞敏在接受凤凰卫视财经记者采访时,再次谈到了他对GE前掌门人杰克·韦尔奇的敬仰之情。张瑞敏表示:"如果有可能,我最希望向韦尔奇当面请教'大企业如何做小'的问题。"

把GE做成"小杂货店"的传奇故事,是韦尔奇对GE的最大贡献。韦尔奇上任时,GE是创办了103年,沾有爱迪生传奇神话,拥有34万名员工、350个业务部门、43个战略事业单元的"企业巨人",但韦尔奇创造了奇迹,GE最终也不曾穿上水泥鞋与人赛跑。

至于韦尔奇大刀阔斧、化繁为简的变革行为,那只是达成他"向小公司学习"目标的手段而已。事实上,"把大公司做小"的同位语就是"把事情变得更为简单"。

小公司究竟有什么优势,能让韦尔奇、张瑞敏这样的管理大师为之瞩目呢?

曾在某大型贸易企业当过国际部门主管的曹先生,手下有30多人,如今自立门户,创办了一家贸易公司,公司不到15个人,但是开拓新业务、提升业绩的速度比原来那家贸易公司的国际业务部快得多。

优势很明显,只要曹先生做出决策,指令将以最短的时间、最快的速度传递给所有员工,剩下的就是执行、跟进和反馈,不存在任何信息过滤或障碍。而老东家的国际业务部门,递交上去的报告要在不够懂行的主管副总裁办公桌上起码躺两天。

在深圳做管理咨询顾问的曾先生也以自己的小公司为例,说出了自己的感受:"我不会搞办公室政治那一套,让员工看我的脸色行事。我的一言一行告诉员工,不要试图隐瞒和粉饰真相,能够提供帮助的请尽快提。最重要的是迅速去做,错了尽快调整。"

快速决策,果断执行,能够减少犹豫的代价;彼此沟通顺畅,能够了解对方意图;目标专一,能够集中精力做重要的事;对顾客和市场反应快,能够及时进行调研;危机感强,资源浪费少,能够降低成本;等等,这些无疑都是小公司的优势。

为此,韦尔奇说:"我们不得不找到一种方式,将大公司的雄厚实力、丰富资源、巨大影响力同小公司的发展欲望、灵活性、精神和激情结合起来。"既拥有大公司的组织躯壳,又拥有小公司的灵魂,像小公司一样采取灵活机动的行动,这应该是所有管理者梦想中的企业组织。

II

制订极简的计划

在工作中,最大的浪费来自没有目标、盲目的选择,「极简」来自明确的目标与方向,知道自己该做什么、不该做什么。

很多人的工作变得复杂而没有效率，其最主要原因就是搞不清楚目标。因为不清楚目标，总是浪费时间重复做同样的事情或是不必要的事情。

做任何事情都不要太匆忙，不要让工作追着跑，因为时间来不及而匆忙把事情做完的人，通常事后要花更多的时间把第一次没做好的事情做好。

只有一只手表，我们可以知道是几点，拥有两只或两只以上的手表，却无法确定是几点。两只手表并不能告诉我们更准确的时间，反而会让看表的人失去对准确时间的信心。

无论做任何事情，我们都应该时刻记得自己的终极目标。如果你时刻清楚自己的终极目标，就会锻炼出与众不同的眼界，养成一种理性的判断规则和工作习惯。

记下工作后，你的脑子才有时间去解决问题，而不只是记住问题。只要你能利用潜意识解决问题，你就会发现它的作用相当惊人。

人脑就像是平行的处理器，幕前幕后的工作可以同时进行。一旦你写下了一些东西，大脑就会将这些东西转移至幕后，然后在"不知不觉"中开始解决问题。

知道自己要做什么

假设你在一片蔚蓝、广阔无垠的海上航行,如果你不知道将去往何处,那么什么风都是顺风。如果你不知道应该做什么,那么做什么都很困难。

在《爱丽丝漫游仙境》中,爱丽丝问柴郡猫:"请告诉我该走哪条路好吗?"

"那要看你想去哪儿。"猫说道。

"哪儿都可以。"爱丽丝答道。

"那么你走哪条路都可以。"猫答道。

无论是会议还是演讲,房屋装修还是人生抱负,如果我们不清楚自己想达到什么样的目标,那么做起来就无从下手了。假如召开一次会议,却不清楚到底想从会议中得到什么,那么从会议中获益的概率是很小的,更不必奢望获得真正想要的东西。

极简来自清楚的目标与方向,你知道自己该做哪些事,不该做哪些事。很多人的工作变得复杂而没有效率的最主要原因就是搞不清楚目标。因为不清楚目标,总是浪费时间重复做同样的事情或是不必要的事情。所以在工作中,你必须搞清楚工作的目标与要求,避免重复作业、增加错误的机会。

你必须理清的问题包括:现在的工作需要改变吗?必须做出哪些改变?要从哪个地方开始?应该注意哪些事情,以避免影响目标的达成?有哪些可用的工具与资源?

目前担任沟通管理顾问公司詹森集团(Jensen Group)的总裁兼执行长的比尔·詹森,自1992年开始,持续进行一项名为"追求简单"(The Search for Simpler Way)的研究调查,通过长期观察企业员工的工作模式,探讨造成工作过量、效率低下的原因。最初的调查对象是来自460家企业的2500名人士,之后扩大到1000家企业,人数达到35万人,其中包括美国银行(Bank of America)、花旗银行(Citibank)、默克(Merck)、迪士尼(Walt Disney)等知名的大型企业。

詹森将"简单"的概念运用到日常的工作实务上。根据他多年的研究调查结果表明,现代人工作变得复杂而没有效率的最主要原因就是没有清晰的目标，因为目标不清楚，所以才让工作变得越来越复杂，时间越来越不够用。

哈佛大学曾做过一个著名的试验，在一群智力与年龄都相近的青年中进行了一次关于人生目标的调查，结果发现：

3%的人有十分清晰的长远目标；
10%的人有清晰但比较短期的目标；
60%的人只有一些模糊的目标；
27%的人根本没有目标。

25年后，哈佛大学再次对他们做了跟踪调查，结果令人十分吃惊！

占3%的那些人全部成了社会各界的精英，行业领袖；
占10%的那些人都是各专业各领域的成功人士，生活在社会的中上层，事业有成；
占60%的那些人大部分生活在社会中下层，胸无大志，事业平平；
占27%的那些人过得很不如意，工作不稳定，入不敷出，常常抱怨社会，抱怨政府，怨天尤人。

任何行动一定要有目标，并有达成目标的计划。没有目标，就不可能有切实的行动,更不可能获得实际的结果。优秀员工每天进办公室的第一件事,就应该是计划好当天的工作。

成功人士最明显的特征就是,在做事之前就清楚地知道自己要达到一个什么样的目标,清楚为了达到这样的目标,哪些事是必须做的,哪些事看起来必不可少,其实是无足轻重的。他们总是在一开始时就怀有最终目标,因而总能事半功倍,卓越而高效。

清楚目标不是要对方跟你解释公司的目标或策略,而是这个目标对于你的意义是什么,公司的目标与你个人目标之间的关联是什么。

如果老板重新设定公司未来一年的营运策略与目标,你可以问问:"我的工作目标应该做出哪些调整?是否有必要改变现在的工作方式?"举例来说,如果公司预计提升10%的营业额,那么营销部门必须达成什么样的部门目标,或是个别业务员必须达到多少的业绩,才能完成公司整体的目标。

别让工作追着跑

在工作中,有很多人总是低头做事,他们忙碌得如同大自然中的蚂蚁,却没有多少实质的收获,对他们来说,草率行事、冒冒失失是最好的写照!他们每天从早忙到晚,感觉自己一直被工作追着跑。忙乱也许不是因为工作太多,而是因为没有重点,目标不清楚,所以才让工作变得越来越复杂,时间越来越不够用。

有一个广泛流传的管理故事,说的是一群伐木工人走进一片树林,开始清除矮灌木。当他们费尽千辛万苦,好不容易清除完一片灌木林,直起腰来准备享受一下完成艰苦工作后的愉快时,却猛然发现,他们要清除的不是这片树林,而是旁边那片树林!

很多人在工作中就像这些砍伐矮灌木的工人,常常只是埋头砍伐矮灌木,甚至没有意识到正在砍的并非是需要砍伐的那片树林。

这种忙碌之后发现自己与结果背道而驰的情况是非常令人沮丧

的，这也是许多效率低下、不懂得卓越工作方法的人最容易犯的错误。他们轻率、冒失，缺少必要的计划，遇到问题也缺乏思考，出现什么情况就解决什么问题，永远被工作追着跑，结果把大量的时间和精力浪费在了一些无用的事情上。

冒失是一种轻率的表现，是指对任何事情都不能深思熟虑，只凭一时冲动匆忙做出决定，有时不计后果。冒失的人懒于思考，轻率妄动，为了迅速摆脱由动机斗争带来的内心痛苦和紧张情绪，他们不详加考虑主客观条件和后果就贸然抉择，草率行事；他们生活节奏快，做事匆忙，往往一件事未干完，又去做另一件事，或几件事一起干。

西班牙的智慧大师巴尔塔沙·葛拉西安曾告诫我们：做任何事情都不要太匆忙，不要让工作追着跑，忙乱中容易出差错；也不要太轻率大意，不要急于表态或发表意见。

无论从事什么工作，事先的调查和分析都会有助于你找到实现目标的最佳方案，好的钟表行走十分规律，不快也不慢。凡事预则立，不预则废，有些事情不可不问清楚，不弄明白。一个人只有知道如何主动地安排工作，而不是被动地适应工作，才能高效率地办事。正如一位成功的职场人士所说："你应该在每天的早上制订一下当天的工作计划，仅仅5分钟的思考就能使你摆脱工作的追赶，把工作变得非常有效率。"

举一个营销工作中的实例：新品上市初期，开拓市场，寻找经销商是一件非常重要的工作，但面对一个陌生的城市和市场，你会怎么办呢？你是下车后匆忙急于四处走街串巷，把自己淹没在各种混乱的工作中，还是通过调查后，制订拜访计划及合理路线？

每个城市都有几百个经销商，不可能去把每一个客户都拜访到。经验丰富的营销人员会挑选客户中20%有意向、有网络及实力的经销商进行重点拜访，用80%的时间沟通20%的重点客户。同时，为了不丢失那些潜在经销商，对经营相关产品的小经销商只需要简单地散发新品招商资料就可以了。

有智慧的人做事决不匆忙，也不拖沓；不莽撞，也不踌躇。他们做事总是有条不紊，不慌不忙，没有积压，决不拖延。做工作的主人，而不是奴仆。他们不是一有想法就马上去做，等发现偏差再去调整，而是一开始就把所有事情都想好、理清。

因为时间来不及而匆忙把事情做完的人，通常事后要花更多的时间把第一次没做好的事情做好。如果真的没有时间把每件事都做好、做完，那就把最重要的事做完。

有些人认为做事不匆忙是一件很容易的事情，只需要每一次做事时注意一下就行，其实一个人做事不慌不忙是一种习惯。一个做事匆忙的人做所有事情都是冒冒失失的,他们完全是凭着自己的直觉在做事。如果想改正做事匆忙的缺点,首先就是要在做事前制订计划和目标,并且形成习惯。

制定一分钟目标

为了不让自己行事匆忙，人们应该制订计划，但如果你的计划是长篇大论的长期计划，那就违背极简管理的初衷了。长期计划是一种一厢情愿的思维，除非把竞争者的长期计划也列入考虑范围，否则，你的长期策略一无是处；除非你有预测未来的能力，否则，你的长期策略形同废纸。

《华尔街日报》有一篇关于威而猛食品（Waremont Food）CEO比尔·隆的报道。这家公司在太平洋西南部设有25家杂货店，自从比尔·隆1985年接管威而猛以来，它的净收入增长了1500%，达到2.15亿美元。如果你对他的下一个"五年计划"感兴趣，你要做好准备接受充满火药味的长篇大论。

"我他妈怎么会知道？"他对着《华尔街日报》的记者吼道，"告诉我在五年内我的消费者会变成什么样子，还有我的竞争对手、我的资本、我的供应商！"当问到能否看看他的策略计划时，他的反应如出一辙。"跟我谈写出来的策略简直荒谬！"他说，"我们需要的不是策略，而是即时决策。"

在畅销书《一分钟经理人》中，肯·布兰佳非常提倡一分钟目标的做法，而不是长篇大论的长期计划，他在书中曾经提到这么一种情况：

在大多数企业中，如果你向老板询问某个雇员在做什么，再去问问雇员本人，往往会得到截然不同的答案。实际上，在我以前工作过的一些企业里，我和我的上司对我的工作任务有着完全不同的理解，即使我们的看法偶尔一致，也仅仅是巧合而已。这样一来，我就会因为没有做某些老板认为我该做的事而陷入麻烦，而事实上，我从没想过这些事是我该做的。

对于这种情况，最好的办法就是把每一个目标在一张纸上写下来。《一分钟经理人》认为，一个目标连同其实现标准不应该超过250字。他坚信，任何人都应该可以在一分钟之内把这个目标读一遍。写好目标描述之后，领导和下属每人一份，这样一切任务就很清楚了，领导也可以根据这些目标描述来定期检查工作进度。

一分钟目标，是使管理者的工作化复杂为简单的最有效方法，一个不超过250字的目标绝对不会让你陷入文山会海中,也决不会让你在各种犹豫与选择中浪费时间。对于如何设定一分钟目标,那就更简单了,你只要注意以下几点就行了:

1. 明确好的工作表现是怎样的;
2. 用不超过250字描述你的每个目标,并且写在一张纸上;
3. 反复读你的目标,每次用大约一分钟的时间;
4. 每天不时地用一分钟时间审视自己的表现;
5. 看看自己的行为是否与目标一致。

只有一只手表

尼采说:"兄弟,如果你是幸运的,你只需有一种道德而不要贪多。"价值观是这样的,工作目标亦是如此。试想,你让一个人接住你抛出去的一个球很容易,但你若要他同时接住你抛出去的7个球,恐怕就不那么容易了。

管理界的重要定律"手表定律"说,只有一只手表,我们可以知道是几点,拥有两只或两只以上的手表,却无法确定是几点。两只手表并不能告诉我们更准确的时间,反而会让看表的人失去对准确时间的信心。

"手表定律"给我们一种非常直观的启发:一个人没必要确定两个或两个以上的目标,否则他的生活将陷于矛盾中,这也是让一个人保持极简计划的最重要的方法。

两个或两个以上的目标并不能告诉你应该怎么去做,只会让你无所适从，身心交瘁。世界著名的"旅馆大王"希尔顿将他的成功完全归功于"一个目标"的魔力，下面就是他的故事：

自1929年股票大崩盘后，没有人想要旅行，就算有，他们也不会住进希尔顿在20世纪20年代中收购的那些旅馆。到了1931年，他的债主威胁要撤销抵押权。不但他的洗衣店被典当，甚至他还被迫向门房借钱以糊口。在这潦倒之际，希尔顿偶然看到了沃尔多夫饭店的照片：6个厨房、200名厨师、500位服务生、2000间房间，还有附属私人医院与位于地下室旁的私人铁路。他将这张照片剪下来，并在上面写上"世界之最"。

希尔顿事后形容1931年："那段迷失而混乱的日子真是连想都不敢想。"但那张沃尔多夫饭店的照片自此就保存在他的皮夹里，一直激励着他努力奋斗。当他再度拥有自己的书桌后，他便将照片压在书桌的玻璃板下，随时看着它。

在事业渐有起色而且买了新的大桌子后，他仍把那张珍贵的照片放在玻璃板下面。18年后，1949年10月，希尔顿买下了沃尔多夫饭店。那张照片使得希尔顿的梦想有了具体的雏形，让他有一个可以全力以赴的目标。那张照片就像是一张提示卡，如同海伦格利·布朗放在桌上的杂志一样，不断地激励他们向目标迈进。

在很多企业中，一些高层经理的个人计划中的目标数不胜数。查尔斯·埃姆斯曾任职于雷兰斯公司，他谈起该公司那些复杂而又无能的系统时说："我们有各种计划制度，各种长期系统和各种短期系统，但是我们还是无法确定下个月卖些什么。"

"我取消了五年的计划制度，转为一年的计划制度，然后再转为一个季度的制度。最后，我们决定采用30天的计划制度，并坚持了一年左右。直到那时，我们才懂得了如何去确定目标并达到它。但最终，我们又设立了一套长期制度。"

与埃姆斯的经历相反，埃默森电气、达纳、德州仪器等公司致力于培养对一两个近期目标的快速反应。

例如，《纽约时报》对埃默森电气公司进行了如下报道："该公司的部门经理和他们的高级助理每个月都要在总部接受副总裁仔细严格的考查，他们把重点放在当前，而非未来。其中主要涉及三个考查项目，即存货、利润和销售，这些考查项目构成了对经理们严峻的考验。这些经理被告知，他们的责任就是每个月要达到既定利润，进而是达到每个季度的既定利润，最终是完成整个年度的既定利润。"

实际上，任何制度都可以简化。德州仪器公司的口号是："写出两个以上的目标就等于没目标！"

德州仪器是个已经走上正轨的公司，前任总裁哈格蒂曾花了10

年的时间制定目标、战略以及制度，他的重点即在取消僵化的沟通模式，以培养所有员工的责任心。

德州仪器公司只认定一个事实："我们曾身临其境，并已克服种种困难。以前每个经理都有一组目标，经过我们不断地削减后，现在每位产品—顾客中心（Product−Customer Center）的经理都只有一个目标。因而你绝对可以期望他们实现那个目标。"

"两个以上的目标等于没有目标"的说法正是德州仪器公司最好的战略，他们在经营上的成功就是这个战略最好的诠解。

时刻记得终极目标

很久以前,有一位修道者准备到无人居住的山中隐居修行,但他只带了一块布当衣服,就到山中去居住了。

后来他想到洗衣服时,就需要另外一块布来替换,于是他到山下的村庄中,向村民乞讨一块布当衣服,村民看他是虔诚的修道者,就给了他一块布,当作换洗衣服。

当这位修道者回到山中后,在他居住的茅屋里发现一只老鼠常常咬坏他的物品,但他作为修道者不可杀生,又只好要一只猫来养。由于山上没有其他食物,他又向村民要了一只乳牛,这样猫就可以靠牛奶为生了。

但是,在山中居住了一段时间后,他发觉每天都要花很多时间来照顾母牛,于是他又从村中找到一个可怜的流浪汉来照顾母牛。

这个故事继续发展下去,大概是半年以后,整个村庄都搬到山上去了。修道者的单身隐居生活已经无从谈起了。

有些人可能一开始知道自己的目的地在何处，也知道自己现在在何处，但一旦开始自己的工作，往往容易把注意力分散到其他事情上，忘了自己的最终目的。在工作中，很多人本来是向同事请教问题，结果却聊起了家常，有些会议上总是有人在无关紧要的问题上辩论得面红耳赤，而忽略了最主要的问题。这样既浪费了时间，问题也没有得到解决。

无论做任何事情，我们都应该时刻记得自己的终极目标。如果你时刻清楚自己的终极目标，就会锻炼出与众不同的眼界，它让你的眼界不再局限在某一个具体事情上，多一些理性的严谨，少一些感情的投入，事事归于简单。它会让你逐渐形成一种良好的工作方法，养成一种理性的判断规则和工作习惯。

如果你能做到这一点，那么你就是一直在朝着自己的目标前进，你迈出每一步的方向都是正确的，不管哪一天干哪件事都不会违背你为之确定的最重要的目标，你做的每一件事都会为最终目标做出有意义的贡献。

成功人士不但一开始就怀有终极目标，而且他们时刻记得自己的终极目标。他们的目标都非常具体，他们不制订"进度表"，而是列"工作表"，比较大或长期的工作会拆散开来，分成几个小事项。他们经常用长跑中的"分段法"，把很长的距离分成几个小段，每一段都有一个标志性的事物，它可以是一份报告的问世，也可以是设计图的完成，哪怕仅仅是为后花园增添了一种花，也是成功路上留下的一串脚印。

对于大部分员工来说，制订计划的周期可定为一个月，但应将工作计划分解为周计划与日计划。每个工作日结束的前半个小时，先盘点一下当天计划的完成情况，并整理一下第二天计划内容的工作思路与方法。

写下第二天的工作

确定在熄灯前写下第二天的工作是个很好的建议，因为记下所有的工作后，你可以睡得安稳一些，你的心态可以更简单一些。否则的话，整个晚上你的脑子里可能都想着："别忘了！别忘了！别忘了！"

记下工作后，你的脑子才有时间去解决问题，而不只是记住问题。只要你能利用潜意识解决问题，你就会发现它的作用相当惊人。人脑就像是平行的处理器，幕前幕后的工作可以同时进行。一旦你写下了一些东西，大脑就会将这些东西转移至幕后，然后在"不知不觉"中开始解决问题。记下工作就表示你许下了承诺。如果一件事不值得记下来，大概也不值得做。

别依赖随处涂鸦的纸片记录、桌上的即时贴，或是用胶水粘在冰箱上的字条。如果你的备忘字条七零八落，也会使你遗忘很多事情。

确定自己可以在同一个地方看到所有的待办事项，并且能检查其进度，或是在你随身携带的万用手册中，或是在计算机里。不论形式如何，都必须能随时更新内容，并且要放在触手可及的地方；必要时可以利用即时贴或便条作为额外的提醒媒介。但是要切记：别让它们变成主要的方法，否则你就犯了大忌。

如果你将计划表与约会记录放在一起，最好能在你的办公室或计算机中存好一份备份，以防其中一份遗失或失窃。办公室的那一份应该每天更新，这虽然只是举手之劳，却很有帮助。

作家拿破仑·希尔认为一定要定期检查计划表。早上起床后的第一件事就是查看计划表。如果你确定要做的事都列在计划表上，而且每天固定检查计划表，你就绝不会因为"忘记"而没有完成任务。福布斯二世一直在他的书桌上放着一张记录重要事项的纸，这是他个人管理系统的中心，"每当我觉得进退两难时，我就会看看这张纸，确定使我左右为难的事是否真的值得让我为难。"通常，福布斯的纸上大约有20件事，包括电话、信件以及他必须口述的一小段专栏文章。他说："如果你没有一个固定的记事本记录你想做的事，事情永远都无法完成。"

这也是在管理其他事情时非常有用的技巧。每当你分配工作给下属时，你应该确定他们会将你所交代的事情记在计划表上。在之后的会议中，也要请他们带计划表来开会，并以此作为进度报告的根据。如此一来，你就可以确信你指派的工作不会被遗漏。

在工商企业或社会中，没有多少特质比"可靠"更重要了（必须承认，少数人已经成功地误导别人，使他们相信自己是没有组织的人，可以"随便"忘记他们不想做的事）。经理人喜欢指派工作，以便他们能专心去做其他的事情；策划会议或社交活动的人，都希望与会者不会忘记出席时间。

你的计划表范围应该要广泛，但绝不能是百科全书，否则你很可能会力不从心。玫琳凯·艾施曾在创办玫琳凯化妆品公司初期听到一则有关查尔斯施瓦布（美国一家数一数二的钢铁公司总裁）的故事。

一名企管顾问艾维·李对施瓦布说："我可以教你如何提高公司的效率。"施瓦布问："费用是多少？"李说："如果无效的话，免费；但如果有效，希望你能拨出公司由此省下的费用的1%给我。"施瓦布同意，说："很公平。"

接着，艾维·李说："我需要与每一位高级主管面对面谈10分钟。"施瓦布答应了。李开始与所有高级主管会面，他告诉每一位主管："在下班离开办公室前，请写下6件你今天尚未完成，但明天一定得做的事。"主管们都对这个主意表示同意，在开始实行这个计划后，他们发现自己比以前更专心了，因为有了这张表，他们会努力完成表上的事情。不久之后，公司的生产力有了显著的提高，因为效果惊人，几个月之后，施瓦布开了张45000美元的支票给艾维·李。

玫琳凯·艾施说："当我听到这个故事后心想，如果这个方法对施瓦布而言值45000美元，对我也会有同样的价值。"因此，她开始在每天下班前写下6件明天要做的重要事情，而且也鼓励业务员这么做。当时的玫琳凯化妆品公司拥有20多万名业务员，玫琳凯·艾施为他们印制了上百万份的粉红色小便条本，每一张便条纸上写的都是："我明天必须做的6件重要事项。"

做好时间管理

每个人的时间都是一样的,每天都是24小时,不会多也不会少,你花费时间做这件事,就一定无法再用于其他事,时间是不会越用越多的。

这当然没错,可是你仔细观察一下身边的人,哪些人老是抱怨"时间不够用"?哪些人又是做事最多的呢?

事实上,整天埋怨时间不够用的人恰恰是那些做事最少的人,这是怎么回事?问题在于时间利用率不同,时间利用率高的人,可以节省下很多时间,这相当于实现了时间的增值。

一位闲来无事的老太太为了给远方的外甥女寄张明信片,足足花了一整天的工夫。找明信片要一个钟头,寻眼镜又一个钟头,查地址半个钟头,写文章一个钟头零一刻钟,然后,在准备送往邻街的邮筒投邮时,又因为考虑是否需要带把雨伞而用掉了20分钟。一件3分钟就可以办完的事，在这位老太太身上却要犹豫焦虑和操劳整整一天，最后还落得身心俱疲。

一个做事迅捷、工作效率高的人，即使同时应对几件事也能愉快胜任；而一个行动迟缓、推三阻四的人，也许一天下来连一件事也做不成。二者的区别在哪儿？就在于前者已经养成了习惯，而且掌握了做事最简捷的方法；而后者，只是学会了拖延，他的事情总是完不成，所以时间也总是不够用。

下面是时间管理的一些技巧，只要你好好掌握，一定能够事半功倍。

1.遵循10/90法则

大多数管理者90%的决定是在他们10%的时间里做出的。管理者们很容易陷在日常事务中，那些有效地利用他们时间的管理者，总是确保最关键的10%的活动具有最高的优先级。

2.了解你的生产率周期

每个人都有日生产率周期，有些人在上午工作效率最高，有些人是在午后或晚上工作效率最高。凡是了解自己生产率周期并能合理安排工作日程的管理者，可以显著地提高管理效率。他们在生产率周期效率最高时处理最重要的事情，而把例行的和不重要的事情挪到效率低时处理。

3.记住帕金森定律

帕金森定律（Parkinson's law）指出，工作会自动地膨胀从而占满所有可用的时间。时间管理隐含着你可以为一项任务安排过多的时间，如果你给自己安排了充裕的时间从事一项活动，你会放慢你的节奏以便用掉所有分配的时间。

4.把不太重要的事集中起来办

每天留出一些固定的时间打电话，处理未办完的事情，以及其他零碎的事情。理想的情况是，这段时间安排在效率周期的低谷阶段，这样做可以避免重复、浪费和冗余，还可以使你在处理重要的事情时免受琐事打扰。

5.避免将整块时间拆散

只要可能，就应留出一天中工作效率最高的一部分时间作为整块的可支配时间，然后，尽量将自己与外界隔离。在这段时间里你应当限制别人进入你的工作场所，避免被别人打断，谢绝电话和来访者。你每天可以另外留出一段时间，敞开你办公室的门接待那些没有事先预约的来访者，打电话或接电话，等等。你能够在多大程度上将自己隔离开，取决于你的企业文化，你的上司和下属对你的信任程度，而最重要的是你在企业中的位置。

一般来说，你在企业中的地位越高，你就不必在任何紧急情况下都到场；相反，大多数领班离岗的时间就不能太长。

6.减少会议所浪费的时间

会议占去了管理者的大部分时间，而且趋向于越开越长。如果由你来主持会议，你应当在会议开始时就宣布会议的时间，并且准备一份书面的会议日程并贴出来。

还有一个建议是要求所有参加会议的人站着开会，虽然这有点儿不近情理，但确实能够使会议时间大大缩短。只要人们坐下来并找到一个舒服的姿势，他们的注意力就不会集中在讨论问题上。

有些管理者的办公室没有为来访者准备椅子，从而使来访者意识到他应避免浪费管理者的时间，而管理者通常将那些需要长时间充分讨论的会议移到会议室去开，在那里可以有足够的和舒适的椅子供大家坐。

凡事必有顺序

企业中，一个员工首先要知道的不是工作的细节，而是确定工作的大致方向与优先级。例如，应该先确认好哪些事项，才能开始进行后续的作业；哪些事情应该排在最后，以避免其他流程的变动而必须一再地重做；各项流程之间应如何协调与整合；等等。

每一个管理者每天都面对许多工作，它们有的互相牵连，有的互不相关；有的很重要，有的不太重要；有的急需处理，有的不太紧急，但哪一件事情都必须做好。如何统筹安排好这些工作，是每一个管理者都必须面对的问题。

在一系列以实现目标为前提的待办事项之中，到底哪些事项应先着手处理？哪些事项应延后处理，甚至不予处理呢？

任何工作都有它自身的运作规律，企业运作与行政事务一样，都有其固定的做法。聪明的工作人员会根据这些规律寻找出更有效的工作方法，然后设计一套适合我们习惯的操作程序，帮助自己驾轻就熟地开展工作。

例如，上班规范。开门后先定格观察一下办公室内有无异样，如有异样，迅速锁门保护现场，等候同事相助；如无异样，则一路进去，左手拿什么，右手理什么。顺路顺手做进去，边做边想着另一些马上要做或刚发现要做的事的做法，就像纺织厂的挡车工那样迅速地眼观六路、耳听八方，眼明手快、干净利落。

再如，充分利用我们的大脑，用心记住一切相关事物和信息，养成记笔记与迅速分门别类办理事务的习惯，如起草文件、打电话、打印文件、接待客户等。在我们的大脑中迅速合并同类项，先干什么，接着干什么，最后干什么，做出准确反应，和原先已定妥的事情归类，迅速重排顺序，形成一个新的行动计划。

没有顺序，很多希望都会落空。假定你正要买一幢房子，房地产代理商打电话过来说："房子的主人同意你出的价钱，看来这笔交易稳成。""太好了！"你说道。对方回答道："是啊，这太好了。"然后电话交流就这样结束了。

好，如果事情到此为止，就什么事情也没有完成，也许房地产代理商正等待你做下一步决定，而你却认为他应该采取下一步行动，结果便是僵持。反之，如果你问他"下一步该怎么做"或者他主动说"接下来我们应该这么做"，那么你们便可以将事情继续推进。

当然若真的是在买房子，或者处理其他重要的个人事情，你可能不会让这种情况发生，但像下面这样的会议想必大家都不会陌生：会议达成一致意见，每个人都一致认为要解决问题，并且就下一步采取的措施也达成了统一的意见，然后大家一个接一个地离开了会议室。

但奇怪的是，结果什么事情都没有完成，而原因就是没有排列出所要解决的问题的先后顺序，更糟糕的是由于没有人总结会议所讨论出的结果（最理想的是书面总结），导致每个人都各自形成了一套属于自己的先后顺序，这无疑使整个事情呈现出一种无序状态。

在《商业七宗罪》中，作者爱琳·夏皮罗谈到了使公司陷入困境的原因。第一条"致命的罪恶"就是很多公司设定了一个远大目标，却很少关心如何实现这一目标。这正是我们所讨论的，如果凡事没有先后顺序，那什么事情都完不成。

此外，事情的先后顺序还是预测未来的最好方法。简而言之，事情的先后顺序就是我们的计划，或者说得更确切一点儿，合理的顺序是一个完美计划的基础。

有时，也可以找出适用同一顺序的所有事情，借鉴同一个顺序模式来做。很多时候人们是在重复做相同的事情。举个例子，同样的事情可能会在公司的几个地方相继发生，而你或许也被牵涉其中。如果是这样，一旦发现了一个事情中的先后顺序，便可以把这个顺序应用到其他事情当中。这个工具就是让我们知道到底有多少这样的事情要做。

对于安排工作顺序这个问题，麦肯锡公司给出的答案是：应按事情的"重要程度"编排行事的优先次序。所谓"重要程度"，即指对实现目标的贡献大小，对实现目标越有贡献的事越是重要，它们越应获得优先处理；对实现目标越无意义的事情，越不重要，它们越应延后处理。简单地说，就是根据"我现在做的，是否使我更接近目标"这一原则来判断事情的轻重缓急。

在麦肯锡公司，每个人都养成了"依据事情的重要程度来行事"的思维习惯和工作方法。在开始每一项工作之前，总是习惯于先弄清楚哪些是重要的事，哪些是次要的事，哪些是无足轻重的，而不管它们紧急与否。每一项工作都如此，每一天的工作都如此，甚至一年或更长时间的工作计划也是如此。

人们习惯按照事情的"缓急程度"决定行事的优先次序，而不是首先衡量事情的"重要程度"。按照这种思维，他们经常把每日待处理的事区分为如下的三个层次：

1.今天"必须"做的事（即最为紧迫的事）；
2.今天"应该"做的事（即有点紧迫的事）；
3.今天"可以"做的事（即最不紧迫的事）。

但遗憾的是,在多数情况下,越是重要的事偏偏越不紧迫。比如向上级提出改进营运方式的建议,长远目标的规划,甚至个人的身体检查等,往往因其不紧迫而被那些"必须"做的事(诸如不停的电话、需要马上完成的报表)无限期地延迟了。克服这一问题的法宝是,做要事,而不是做急事,这也是麦肯锡卓越工作方法的精髓之一。

运用这样的工作方法,会使我们的工作变得相对简单,做起来得心应手。

制订极简计划的技巧

1. 别依赖随处涂鸦的纸片记录、桌上的即时贴,或是用胶水粘在冰箱上的字条。如果你的备忘字条七零八落,也会使你遗忘很多事情。

2. 确定自己可以在同一个地方看到所有的待办事项,并且能检查其进度。

3. 在每天下班前写下6件明天要做的重要事情。

4. 一个目标连同其实现标准不应该超过250字。任何人都应该可以在一分钟之内把这个目标读一遍。写好目标描述之后,领导和下属每人一份。

5. 记下工作就表示你许下了承诺,如果一件事不值得记下来,大概也不值得做。

6. 一个员工首先要知道的不是工作细节,而是确定事情的大致方向与优先级。

7. 无论从事什么工作,事先的调查和分析都会有助于你找到实现目标的最佳方案。

Ⅲ

用最直接的方式

两点之间线段最短。事情能否简单解决，关键不在于事情的难易，而在于解决问题的人是否能够用最简单的方法。保持高效的最好办法就是用最直接、最简单的方法解决问题，建立简单的工作模式与习惯。

解决复杂问题的方法有很多，但我们需要的只是最简单、最实用的那个。古希腊的哲人告诉我们，要让生鸡蛋直立在桌子上，最快最简单的办法就是轻轻敲破鸡蛋壳。

如果一个人从事的是一份自认为不值得做的事情，往往会保持冷嘲热讽、敷衍了事的态度。不仅成功率小，而且即使成功，也不会觉得有多大的成就感。

许多工作就像跨栏一样，你只要在不碰倒栏架的前提下跨过去就行，除此之外，跳得再高都不会有额外的加分。最好的跨栏选手是仅以细微的差距跨过栏架。

什么因素能使企业更有效运转，赚到更多利润，什么因素就是管理核心，企业员工就应该全力以赴地投入，而不是去关注全面管理，甚至分心去研究还缺什么。

以问题为中心，就事论事

解决复杂问题的方法有很多，但我们需要的只是最简单、最实用的那个。古希腊的哲人告诉我们：要让生鸡蛋直立在桌子上，最快最简单的办法就是轻轻敲破鸡蛋壳。

有一家精密仪器制造公司，拥有一批世界著名企业构成的客户群。在2000年上半年，该公司连续出现了几次较严重的质量问题，客户纷纷退货，并按程序发出停止供货通知书。该公司内部人员人心惶恐，不知道公司能否度过眼前的危机。

面对这种不利的情形，总经理立即采取了一个简单而坚决的做法——调换制造部经理，全力制定改善方案。结果，在很短的时间里，质量问题得以解决，人际关系也被理顺，客户也发来了新订单，表示愿意继续合作。

或许你觉得制造部经理可能被冤枉了，因为问题发生的原因和责任还没有分辨清楚。可是，当遇到复杂的问题时，简单而直接地进入解决问题的程序可能会更好，因为管理的目的就是为了解决问题。

如果管理者在问题面前过于强调是非、追究责任、四面出击，反而会把问题复杂化，从而耽搁了解决问题的最佳时机，弄不好还会助长相互推委、逃避责任的不良风气。

至于问题的真正责任者，在解决问题的过程中，自然就能分辨出来。而他本人也会在此过程中深刻反思，积极贡献力量，争取将功补过。

实践极简管理，很重要的一点就是要不分是非，因为在明辨是非的过程中容易误入歧途，迷失目标。比如你不懂铸造，遇到的第一个问题是，出现质量问题怎么办？这是一个很棘手的问题。

按照不分是非的方法，管理者先不追究这是谁的责任，而是先分析原因是什么，有什么好的解决方法，大家的思维转过来了，当原因一步一步破解出来后，就会出现良性的讨论和沟通，从而找到了原因，解决方法也出来了，于是明确这件事情由谁负责。

对于事情的负责人来说，他用心带动其他人去做了，至于造成这件事的人和因素，在讨论过程中已经不言而喻了。

举一个很简单的例子来说，所有的员工都坐在办公室里，这时总经理走进来，看见地上有一个很脏的乱纸团。如果总经理问这是谁扔的，这么不讲道德，不管是谁扔的，他都不会承认。

假如总经理不追究是谁扔的,而是走过去,弯下腰把这个脏纸团捡起来,这时,可能没有等总经理去捡,扔这个纸团的人已经在他之前把它捡起来了。即使他没有去捡,总经理把它捡起来,扔到垃圾桶里,旁边人也都知道了这是一个坏习惯。其实总经理就是用了一个不分是非的方法而已。

对于所有的企业来说,时间就是金钱,效率就是生命。如果你能将做每件事的时间都缩短一秒,那么积累起来就赢得了更多时间,提高了效率,可谓一石二鸟。然而要想缩短做事时间,就必须以极简的方法去做每件事,抛弃一切烦冗的流程。

自第三次产业革命以来,信息业蓬勃发展,各个企业都把提高工作效率放在了自身发展的首位。高效率的企业需要高效率的员工。比尔·盖茨就曾毫不掩饰地赞扬过他的员工:"我的成功是因为我有一批有活力、有创新精神的员工,他们带动了企业的快速、健康发展。"

就在企业将目光投向工作效率时,作为一名员工,要想得到上司的重用,出色地完成任务,势必要在提高效率上下一番功夫。高效率地解决问题既可让自己工作得更加轻松,也会让你成为公司的主心骨,上司的得力助手,前程不可估量。

如何才能取得高效呢?你一定还记得上学时,数学老师经常讲的就是"化简"把每一道题经过化简解出,才是最简单的。其实,保持高效的最好办法就是用最直接、最简单的方法解决问题,建立极简的工作模式与习惯。事情能否简单解决,关键不在于事情的难易,而在于解决问题的人是否能够用最简单的方法。

问题的复杂程度取决于解决方式的复杂程度。当一个问题出现后,你如果用复杂的方式处理,那么问题就很可能变得更加复杂,反之,如果用简单的方式处理,问题就可能也变得非常简单。

任何事情其实都不复杂,通常是人为的将其复杂化了,所以,我们解决问题要注意从事物的本来面目出发,就事论事,不将其复杂化。对于员工来说,只有专注工作本身,而不是过分看重业绩评量的名目,才能有真正好的表现。

不做不值得做的事情

作为一名出色的员工，他的首要任务是确保做正确的事情，其次才是督促自己把事情做正确。

一家IT公司在北京有一家分公司，年中时，总部发现分公司已经实现了全年的营业额，认为这个分公司已经实现目标了，但到年末才发现，分公司的营业额里超过一半不是来自销售总部给它的产品，而是他们发现一些客户有特殊需求，就组织了一帮人给客户量身定做软件，由此而来。

从营业额的角度讲，它是完成任务了，但实际上，它没有完成公司制定的目标，作为北京分公司，它最核心的目标是销售本公司产品，这也是公司战略布局当中的一个组成部分。偏离目标是最可怕的，表面上完成计划并不等于没有偏离目标。

最后公司总经理在年终总结时说："在我的战略棋盘上，你这个分公司没有意义，公司今年的新产品想在北京市场销售，你没有打开市场局面，没有做正确的事情。"

偏离目标，常常会帮你建造华丽的空中楼阁，让你误以为自己完成了任务。你消耗了大量的时间与精力，得到的可能仅仅是一丝自我安慰和虚幻的满足感。当梦醒后，你会发现该做的事一件都没有做，而自己却已疲惫不堪。不值得做的事还会浪费自己的生命，因为你在这件事情上付出得越多，代价就会越大。

注意力也是一种资源，而其正确的指向，则比资源本身更重要，更有意义。在工作中，找对方向是一种智慧，一种责任。因为在一定时期内，一个人、一个企业的目标是统一的，资源和能量是有限的，如果你的工作偏离了企业的目标，偏离了团队的要求，你的工作对团队将没有任何意义。

世界的开放性和流动性的倍增，给集体选择和个人的发展提供了机会，但也分散了人的注意力和精力。选择像一条河流，它变得越宽，就会有越多的人淹死在里面。人们需要越来越强的"游泳技巧"，更需要游向正确的方向，因为你不可能永远就这么游下去。

此外，如果一个人从事的是一份自认为不值得做的事情，往往会保持冷嘲热讽、敷衍了事的态度。不仅成功率小，而且即使成功，也不会觉得有多大的成就感。因此，对个人来说，应在多种可供选择的奋斗目标及价值观中挑选一种，然后为之奋斗。

编剧家尼尔·西蒙在决定是否将一个构思发展为剧本前会问自己："假如我要写这个剧本，每一页都尽量保持故事的原则性，而且能将剧本情节的跌宕起伏和其中的角色个性表现得淋漓尽致的话，这个剧本会有多好呢？"答案有时候是："还不错，会是一个好剧本，但不值得花费一两年的生命。"如果是这样的答案，西蒙就不会写。

遗憾的是，大多数人一直要到他们的生涯走了一大段路以后，才开始问这样的问题，也许是因为年轻时并不了解，计划一旦开始要花费多少时间才能完成，也不了解我们的时间其实非常有限和宝贵。

对一个企业或组织来说，则要很好地分析员工的性格特性，合理分配工作。比如，让成就欲较强的职工单独或牵头来完成具有一定风险和难度的工作，并在其完成时给予即时的肯定和赞扬；让依附欲较强的职工更多地参加到某个团体中共同工作；让权力欲较强的职工担任一个与之能力相适应的主管。同时要加强员工对企业目标的认同感，让员工感觉到自己所做的工作是值得的，这样才能激发员工的热情。

收集极简工作的技巧

任何复杂的事情，都一定会有很多解决的方案。但无论如何，总会有一个极简的方法来化解复杂。事物的本质既然很简单，那么我们就要学会用极简的方法解决问题。

迈瑞的上司要参加一个紧急会议，要求她将以前打印的一份带有工作流程图的文件删掉上半部分，重新整理出一份。迈瑞一打开文件就犯难了，如果要改掉以前的文件，起码要几分钟，而老板马上要走，怎么办？

聪明的迈瑞急中生智，将上面的部分折起来复印一下不就行了吗？这果然是个好办法，简单高效，既没有耽误上司的事，又省了自己的时间和精力。

后来，迈瑞的上司很重用她，把很多重要的事情交给她来处理。这是为什么呢？因为她办事效率高，老板会放心地把事交给她。所以，工作中一定要头脑灵活，用极简的方法办事，只要是将问题完美地解决，偷懒也是可以的。

在工作实践中，你可以找到很多解决问题的极简方法。这些极简的方法，有些可以解决某一类问题，有些只能解决某些工作中的细节问题。在某种客观条件下，他们是完成任务的捷径，之所以说"熟能生巧"，也是因为这种"巧"包含了一些简化工作的技能。一个员工只有掌握了这种技能，才能成为一名高效的员工，才能熟练地完成自己的工作。

如果想收集各种极简工作的方法，则需要你善于总结成功的经验，吸取失败的教训。最好在兜里装一个小笔记本，随时记下自己的心得，无论成功还是失败都要学会总结经验。正如一位哲人所说，善于学习的人才善于创新。虽说人不可能两次踏入同一条河流，但犯同样错误的人还是很多的。

避免在同一个地方犯同一种错误的最好方法是即时进行总结，找到解决的办法。实践出真知，通过自己的实践得来的经验是永远不会忘记的，对自己来说也是最行之有效的。

在总结经验和教训的同时，还需要多观察别人，学习别人的长处。别人为什么能用极简的方式解决问题，肯定有自己的秘诀，不妨多观察别人或者虚心向别人请教。"取人之长，补己之短"，只有这样才能不断进步。

乔丹从小酷爱打篮球，但是由于投篮命中率不高，在场上没有杀伤力，每次打完球下来都很苦闷。起初，他认为投篮命中率不高是由于练习不够，可是经过一段时间的勤奋练习后仍然没有什么突破。后来，他仔细地观察了高手的投篮动作，发现他们的姿势都很完美，并且几乎一样。他这才发现，原来投中篮也是需要正确姿势的。他细心记下了别人的投篮动作，自己试着练习最终找到了投中篮的诀窍。反复练习之后，篮球场上的乔丹投篮时更加得心应手了。

别人的好经验对我们来说是宝，它可以让我们少走弯路，简单直接地解决问题。"三人行，必有我师焉。择其善者而从之，其不善者而改之。"我们要虚心向工作上经验丰富和做事有窍门的同事学习，不论职位高低，不论年龄长幼。

极简工作的方法很好掌握，只是看你在忙碌时能否抽出时间去总结、去琢磨罢了，下面是笔者总结的一些小技巧，按照这个去做，或许会产生一些意想不到的效果。

——把常规性文件拷贝下来

把常规性文件拷贝下来，在今后的工作中加以复制使用，能大大提高我们的工作效率。譬如，企业规章制度和一些规范性文件，大体都是相同的。做个有心人，把这些文件在计算机里做个备份，一旦上司需要，随时可以调出来，加以局部修改与调整，改头换面，就成了一份令上司满意的资料。这不但降低了我们的工作量，提高了效率，也增加了上司对我们工作能力与表现的好感和信赖。

——随身背的包要多几个口袋

随身背一个口袋多点儿的包，能避免在公开场合把包乱翻一气，让人认为你是一个没有条理的人。现代社会，随身要带的东西太多，又很零碎，因此随身的包，多点儿口袋没坏处。还可以多买几个这样的包，以备在不同场合使用。

——一定要午休

午休时间是工作日里最宝贵和短暂的休息时间。如果你前一天晚上没睡好的话，那么这是你一天当中能增加睡眠的最好机会。对于这一天里承上启下的重要阶段，吃好、休息好是关键，最好不要让别人打搅，也别去打搅别人。

——集中时间处理积压的工作

虽然理想的轻松工作状态是当日事当日毕，但恐怕没有几个人能够真正完全做到。给自己所拖欠的工作按日、按星期或者按月、按年列出一个目录来，也就是所谓的账单，这样你就不得不做出"掏钱结账"的计划。按部就班地付清了欠账时，把账单一撕，瞬间就能感受到完成工作的快感。如果不及时集中时间处理之前积压的工作，时间越长积压的工作就越多，最终会压得你喘不过气来。

——为心灵安一个"垃圾桶"

在办公室的一角,你可能已经为自己安置了一个垃圾桶,但千万记得也要在心灵的一隅给自己留一个"垃圾桶"的位置,以便随时清理掉那些影响你心情的"垃圾"。

无论在办公室还是在家,每天清理一下自己的环境和头脑是必要的,学会搜集的同时也要学会遗忘,就像电脑一样,有安装程序也要有卸载程序。负面情绪一键Delete就OK了。

——随身带一本书

随身携带一本不费脑子的书,在乘坐地铁或等人时翻阅。文字务必要少,这样废话就少,可以从任何一页读下去,这样就不必每次都要找上次看的地方,务必和你的职业无关,以免勾起对公司状况不满的情绪。切记别看那些沉重得使人深思的书,这只会把生活的问题复杂化。

——有一个"蓝颜"知己

应该有一个所谓"蓝颜"知己,无论是事业还是情感上,当你陷入困惑或迷茫时,"蓝颜"知己会是一个好的倾听者,甚至会是个暂时疼爱你的人。

——检查你的技术设备

"磨刀不误砍柴工",定期为计算机等办公设备升级换代可以使你更高效地工作。

所有的工作都是一样的,圆满完成并不难,难的是我们没有找到极简的方法,导致费尽力气却事与愿违。因此我们应该剔除一切不必要的东西,找到极简的方法。

别用跳高的方法跨栏

诺贝尔奖得主莱纳斯·C·波林说:"很多时候,你会发现自己的心态处于一种知难而进的情况,但你所走的路线如果是条死胡同,是否应该再多做一次尝试呢?一个好的研究者知道应该发挥哪些构想和丢弃哪些构想,否则,他会浪费很多时间在差劲的构想上。"

有时,你投入了大量的时间与精力在一个交易或关系上,尽了最大的努力,情况还是越来越糟。你尝试加固你们的关系,但是除了得到敷衍和更多的口头承诺外,你的努力没有任何结果。你一再讨论、谈判、妥协,但是关系似乎注定要走下坡路。这时你就应该改变你的心态,从知难而进变为知难而退了。

也许,你的期望太高,有时候"够好"就行了。从某种意义上说,"最好"是"好"的敌人。你可能浪费太多时间和力气去追求完美,从而使得自己没有时间去做好其他事情。

女演员佩吉·阿什克罗夫特曾告诉导演诺里斯·霍顿，她结合自身的经验以及与一些好演员合作后，总结出："有些伟大的角色……没有人能够从头到尾全力演出，演员都期望自己的演技时常处于巅峰状态，但事实上很难做到。"

博比·琼斯也有相似的结论，在美国公开赛、美国业余赛、英国公开赛及英国业余赛的赛事中，他是唯一赢得高尔夫大满贯的高尔夫球员。他说："我学会调整自己的野心后才真正开始赢球。也就是对每一杆有合理的期望，力求表现率良好、稳定，而不是寄望有一连串漂亮挥杆的成就。"

博比·琼斯的领悟来之不易，他要与超越自身能力的欲望做斗争。在他早期的高尔夫球员生涯中，总是力求挥杆完美，如果做不到，他就会打断球杆、破口大骂，甚至离开球场。这种脾气使得很多球员不愿意和他一起打球。后来他渐渐明白，一杆打坏了，这一杆就过去了，接下来要做的是必须尽力打好下一杆。

有的事情是必须要追求完美的。办公室寄出的信件要保证没有任何错字或错误的语法。此外，制造降落伞、保险套、飞机起降设备的人也要致力于零失误。但是有的事情，即使可以达到完美，也不值得花太多时间去做。成功的心态需要你去确定何时应该追求完美，何时见好就收。

有时候，你必须及时进行下一个计划，打下一个球，或是将建议书尽快投进邮筒。许多工作就像跨栏一样,你只要在不碰倒栏架的前提下跨过去就行,除此之外,跳得再高都不会有额外的加分。最好的跨栏选手是仅以细微的差距跨过栏架。同理,如果你的计划是需要在很短的时间内跨过很多栏架,那么你花费太多精力在第一个栏架上,就会消耗大量体力而影响到后面的进度。

艾伦·休恩梅克的《大学生生存手册》提到了这一点。他建议学生以最小的差距跨过障碍,以便为其他的事情保留精力。如果一个学生未修完统计学,不论他们在其他学科上是多么有天分,都无法得到学位。休恩梅克谈到一个他在柏克来的学生,道:"这个学生喜欢钻研,努力工作而且做得很好,但是他在其中一个障碍处跌倒了。在发表25篇论文之后,他被退学了。"

休恩梅克论点的论据虽然来自一个特殊的环境——学校,但是,他所说的基本原则适用于许多领域。假如你接下棘手的任务,处理这个任务就像处理卢浮宫的收藏品一样谨慎或用跳高的方式跨栏,你注定会失败,而且这会使你的自信心与名誉受损。

在企业中,这个道理同样适用,如果客户要求的是品质,你可以花费数千美元制造全世界最好的钢笔,但是如果客户需要的只是用完即丢的圆珠笔,你依然像制造钢笔一样耗资,则浪费了时间与资源。你的客户也许不希望你在一个计划的某一部分用太多时间,而是希望你把每一个部分都做好。你的经理(也可以是客户)也许只是要你将你的想法直接、随意地写在便条纸上，而不是要你长篇大论。诀窍就在于，知道什么东西应该追求完美，什么东西应该适可而止，这才是让自己的心态保持极简的重要技巧，也是生存之道。

提高效率的7个秘诀

提高工作效率，在同样的时间内创造更多的价值，是任何人、任何企业都梦寐以求的事情。提高效率在任何社会、任何场合永远都是硬道理。

如何让提高效率变得简单呢？美国职业生涯规划与时间管理专家博恩·崔西（Brian Tracy），集十多年实务工作经验与研究，发现了能使效率加倍的6个工作秘诀：

1.全心投入工作（Work Harder At What You Do）：当你工作时，一定要全心投入，不要浪费时间，不要把工作场所当成社交场合。如果你能长期坚持做到这一点，就会使你的工作效率加倍。

2.工作步调快（Work Faster）：培养一种紧迫感，一次专心做一件事，并且用最快的速度完成，之后，立刻进入下一件工作。养成这个习惯后，你会惊讶地发现，一天所能完成的工作量居然是如此的惊人。

3.专注于高附加值的工作（Work On High Value Activities）：你要记住工作时数的多少不见得与工作成果成正比。精明的老板或是上司关心的是你的工作数量及工作品质，工作时数并非重点。因此聪明的员工会想办法找出对达成工作目标及绩效标准有帮助的活动，然后投入更多时间与心力在这些事情上面。投入的时间越多，每分钟的生产力就越高，工作绩效也就提高了，自然会赢得老板及上司的赏识与重用，加薪与升迁指日可待。

4.熟练工作（Do Things You Are Better At）：你找出最有价值的工作项目后，接着要想办法，通过不断学习、应用、练习，熟练所有工作流程与技巧，累积工作经验。你的工作越纯熟，工作所需的时间就越短；你的技能越熟练，工作成绩就上升得越快。

5.集中处理（Bunch Your Tasks）：一个有技巧的工作人员，会把许多性质相近的工作或活动，如收发E-mail、写信、填写工作报表、填写备忘录等，集中在同一个时段来处理，这样会比在不同时段处理节省一半以上的时间，同时也能提高效率与效能。

6.简化工作（Simplify Your Work）：尽量简化工作流程，将许多分开的工作步骤加以整合，变成单一任务，以减少工作的复杂度，另外，运用授权或是外包的方式，避免把时间花费在低价值的工作上。

7.比别人工作时间长一些（Work Longer Hours）：早一点起床，早点去上班，避开交通高峰；中午晚一点出去用餐，继续工作，避开排队用餐的人潮；晚上稍微留晚一些，直到交通高峰时间已过，再下班回家。如此一天可以比一般人多出2至3个小时的工作时间，而且不会影响正常的生活步调。善用这些多出来的时间，可以使你的生产力加倍，进而使你的收入加倍。

一个成功的人，通常是一个工作效率很高的人。希望聪明的你将这6个小秘诀默记在心，不断地应用、练习，直到它成为你工作、生活的习惯为止。只要养成这些习惯，你的工作业绩一定会提高，收入也会加倍。

经验有时很管用

诺贝尔奖获得者赫伯特·西蒙（Herbert Simon）在人工智能的研究中发现了一个与研究项目无关但令人着迷的结论——经验有时是最好的决策依据，并据此提出了所谓的象棋"模式词汇"理论。

我们知道，许多领域的专家都有丰富的经验，他们的经验来自多年的正规教育和长期的实践经验。很多医生、艺术家和各个行业的工作者都有着丰富的经验，为他们带来了很高的荣誉与地位。

西蒙所研究的象棋"模式词汇"就是有关经验的一个发现。

西蒙试图使计算机像人那样"思考"，他和同事研究了用计算机编程下棋的问题，他们假定人们通过像决策树那样给计算机编程，让计算机在每走一步之前，搜索所有可能的招数及对手的应招，然后再做出决策。

然而，这一假想只能停留在理论上，它是不实际的。因为可能的招数有10的120次方（等于1万亿）那么多，而当时最快的计算机在一个世纪内也只能计算10的20次方的数。因此，让计算机通过编好的程序来预测下一步招数，在技术上是不可行的。

那么为什么优秀的棋手就能保持很高的胜出率呢？

西蒙又做了一个试验，发现世界上最好的棋王用10秒钟就能飞快地扫一遍正在进行的棋局（棋盘上的棋子约20个），并能记起每个棋子的位置，这与短期记忆理论根本不符。

当A级棋手（级别比棋王低）被要求做同样的测试时，他们的成绩要比棋王差一些。要强调的是，这个试验只局限于正在进行中的棋局，如果棋子只是随机摆设的，那么，不管是棋王还是A级棋手，都无法在短时内记住棋子的位置。

这一切能说明什么呢？

西蒙认为，这是因为棋王有大量的被充分开发的长期象棋记忆，而且，这种记忆采取的是潜意识的记忆形式，也就是他提出来的象棋"模式词汇"。

棋手下棋时会思考之前是否见过这个棋局（模式），它的来龙去脉如何，它前一招是什么，它后面的局势会如何发展。

西蒙研究发现，棋王的象棋"模式词汇"大约有50000个，而A级棋手相比之下就少很多，只有2000个左右。棋手们都使用了决策树的思维方式，但是经验量的差异影响了各自发挥的效果。

现在明白了西蒙研究的含义，我们会发现这个理论在其他地方有很大的用途，尤其是在管理上。有经验的老板有很好的直觉，他的管理"模式词汇"能迅速地告诉他事情是会变好还是变糟。

"模式词汇"的概念对于实行极简管理有着重要的意义，经验有时真的很管用，有时会助我们迅速做出决策。从西蒙的研究中，我们可以学到很多东西，例如对于关键决策来说，我们要相信自己的感觉，对于日常管理来说，我们要经常询问顾客和员工的建议，汲取他们的经验。

抓住事物的关键

一位杰出的时间管理专家在为学生讲课时,曾经做了这样一个试验:

这位专家拿出了一个1加仑的烧杯放在桌上,随后,他取出一堆拳头大小的石块,把它们一块块地放进烧杯里,直到石块高出烧杯再也装不进去为止。

他问:"烧杯满了吗?"

所有的学生应道:"满了。"

他反问:"真的?"说着他从桌下取出一桶砾石,倒了一些进去,并敲击烧杯壁使砾石填满石块间的间隙。

"现在烧杯满了吗?"

这一次学生有些开化了,一位学生低声应道:"可能还没有。"

"很好!"

专家伸手从桌下又拿出一桶沙子,把它慢慢倒进烧杯。沙子填满了石块的所有间隙。他又一次问学生:"烧杯满了吗?"

"没满!"学生们大声说。

然后专家拿过一壶水倒进烧杯,直到水面与杯口齐平。他望着学生:"这个试验说明了什么?"

一个学生举手发言:"它告诉我们:无论你的时间表多么紧凑,如果你再加把劲,还可以干更多的事!"

"不,这还不是它真正的寓意所在。"专家说,"这个试验告诉我们,如果你不在最开始把大石块放进烧杯里,那么你就再也无法把它们放进去了。"

一个人在工作中常常会被各种琐事、杂事纠缠,有不少人由于没有掌握高效能的工作方法,而被这些事弄得精疲力尽,心烦意乱,总是不能静下心来做最该做的事;或者是被那些看似急迫的事所蒙蔽,根本就不知道哪些是最应该做的事,结果白白浪费了大好时光。

"大石块",一个形象而恰当的比喻,它就像我们工作中遇到的事情一样,在这些事情中有的非常重要,有的却可做可不做。如果我们分不清事情的轻重缓急,把精力分散在微不足道的事情上,那么重要的工作就很难完成。

抓住事物的关键会让事情变得简单,中国足球队如何练习角球就能很好地说明这个问题。米卢的名字在中国球迷的口中叫得很响,但国家队球员更欣赏英国人霍顿,他们觉得是霍顿让自己明白了该怎么踢球。

以罚角球为例,原先的教练一般只会说诸如"盯紧了,别让他顶着,拉住了……"等套话,但是霍顿却能明确告诉队员"谁应该在哪,第一点在哪,第二点在哪"。

郝海东感叹道:"这才叫懂啊!原先就知道去踢。其实这也不是什么高深的事情,但是原来没有人告诉过我们。"

用最充沛的精力去做最有价值的事情,用有限的精力去做最重要的事情,这直接关系到企业发展和成长。如果在工作中暂时抓不到重点,可以少做一些,反复沟通,以便抓住事物的关键。

"少做一些,不是要你把事情推给别人或是逃避责任,而是当你集中焦点、很清楚自己该做哪些事情时,自然就能花更少的力气,得到更好的结果。"詹森在接受最新一期的《快速企业》(Fast Company)杂志访问时如此说道。换句话说,目标清楚、掌握重点、做好沟通,是极简工作的不二法门。

有的经理人案头上列了很多必须完成的工作,而且都是重点工作,所以他们终日奔忙,忙得昏天黑地,但事情却似乎越办越多,甚至越办越糟。还有一些经理人,他们事必躬亲,冲锋在前,享受在后,"晴天一身汗,雨天一身泥",处处都能看到他们忙碌的身影,因为在他们眼里到处都是重点,结果是按下葫芦浮起瓢,或是丢了西瓜捡芝麻,事情没做好,还苦不堪言……

作为一个管理者,为了更有效地执行公司的任务,就必须分清轻重缓急,这就是"管理的层次性"问题。当一个领导者说"我列了10项重点"时,表示他根本没有重点。这样的领导者不可能领导出一个高执行力的企业。

在企业管理中,特别是在大型现代企业的管理中,讲究管理的层次性非常重要。管理上没有层次性,必然会打乱仗;管理上层次分明,工作才能有条不紊地进行,事半功倍。

管理者对自己主管的工作,既要通观全盘,对大大小小的事情做到心中有数,更重要的是要理出其中的头绪来,从中抓住主要的工作,把握住事情之间的联系。

作为管理者,必须懂得统筹安排,分清轻重缓急,做好人员分工,并且安排好各项工作之间、各个人员(部门)之间的先后次序和相互衔接,不时地注意其进度,监督其质量,检查其结果。而对那些地位重要、影响重大的工作,可能要亲自动手,慎之又慎、精益求精地做好。

抓住核心而非全部

什么因素能使企业更有效运转,赚到更多利润,什么因素就是管理核心,企业员工就应该全力以赴地投入,而不是去关注全面管理,甚至分心去研究还缺什么。

曾有一道著名的智力题。一位美国人问周恩来总理:"中国有多少个厕所?"周总理的答案是:"两个,一个男厕所,一个女厕所。"

看似很复杂的一个问题,回答起来可以如此简单。

在一个企业中,最复杂莫过于管理。关于企业管理,古今中外有无数种思想、理论、工具、系统,但也有些人把它简化为企业里只有两种人:管理者与被管理者。那么,再推下去,依笔者看来,所谓管理者,也只需考虑做好1.75件事,即一个1件事,一个半件事,一个1/4件事。

1件事,你的员工能胜任所在岗位吗?

企业发展有不同阶段，需要不同的岗位，这些岗位有不同的要求。想清楚你需要以及只需要什么岗位，你的岗位都需要怎样的员工，最后把他们找来。这件事做好了，你的企业在运营中就不会犯错误。

找来的员工不能胜任岗位怎么办？请考虑以下问题：

第一，岗位的设置和要求合理吗？

第二，负责招聘的人能胜任吗？

第三，可以通过培训让他们胜任吗？

半件事，能够胜任工作的员工中，有"优秀"的吗？

之所以说这是半件事，是因为它无须占用你很多精力，你只要保持一份关注，能够"发现"他们就好了。能够胜任工作的员工，有职业精神就够了；而优秀的员工，会表现为"敬业"。他们真的喜欢这份工作和你的公司，积极地为你出谋划策，他们会去向朋友宣扬，会不太计较加班。

拥有优秀的员工，可以算是上天对你的嘉奖。但他们可能比较在乎工作环境，比如同事、直接领导等，因为他们希望在公司找到"家"的感觉。

你得想明白，你愿意付出成本为他们创造这样一种环境吗？

1/4件事，是从优秀的员工中寻找具有"卓越"潜质的，这可能是你的接班人人选。

他们有强劲的动力，屡败屡战，愈挫愈勇。他们有非常清晰和明确的个人目标,并且这种目标与你企业的发展目标能够匹配。当然,他们也可能有野心,这就要看你如何平衡了。

这种员工可遇不可求,如果你不愿意好好用,他们会被猎头公司挖到其他地方去。你未必损失什么,但重新遇到这样一个人可能是件成本较高的事,所以,最好能有一些满足他们成就感的行动,把他们留住。

对于这些可能显得有些狂热的员工来说,没有什么能够像获得成功那样取得成就。他们最需要的是你的认可。

管理者关心的这些事,依次是呈递进式的胜任、优秀、卓越。与之对应的被管理者——个人,也只需关心3件事:

第一,我需要一份工作,养家糊口,安身立命;

第二,我想要一份更好的工作,无论是跳槽,还是内部升职、转岗;

第三,我怎么样才能胜任我做的每一份工作?

看,最基本的还是胜任。这可能是管理中最容易被忽视的问题。

把简单的事弄复杂很简单,把复杂的事变简单很复杂。极简管理需要消除矛盾,找到主线,处理好经营和管理、开放和内敛、自信和从容、年轻和成熟、简约和集约之间的关系。

寻找最直接方法的技巧

1.寻找极简的解决方案。

2.首先问自己:"这里可以做的极简事情是什么?"

3.看看是否能以25个字或者少于25个字连贯地描述一件事、一个问题、一个解决方案或者是一个提议。

4.能够在30秒内完成上面的事情吗?有时候这叫作"电梯故事"或者"电梯推销",意思就是当在电梯里碰到某个重要人物时,充分利用在电梯中的时间传递信息。

5.记录事件/问题/解决方案/提议。

6.如果最终发现找到的是一个非常复杂的解决方法,说明可能走错了方向,从头再以一种极简的方式来一次。

7.当遇到某件事情时,先问自己"有没有更简单的方法"。

8.让人们像对待6岁孩子那样对你说话。

9.问自己一些简单的问题。什么人?什么事?为什么?哪里?何时?进展如何?哪一个?

10.寻求极简的回答。在和高级技术人员打交道时这一点尤其重要。

IV

进行极简的沟通

据统计,现代企业工作中的障碍50%以上都是由于沟通不到位而产生的。工作中的沟通就是为了能让工作变得更简单、更有效,因此沟通也应该用极简的方式。

在成功的项目中人们往往感受不到沟通所起的重要作用,在失败项目的反思中,却最能看出沟通不畅的危害。

都说"有话则长,无话则短",但这个并不是极简,极简是"有话则短,无话则不说"。直截了当就是极简的沟通方式。

人与人之间的好感是要通过实际接触和语言沟通才能建立起来的。一个员工,只有主动跟上司有一个面对面的接触,才能令上司认识到自己的工作才能,才会有被赏识的机会。

管理大师汤姆·彼德斯说:"沟通是个无底洞。"沟通过程中不可避免地存在争论,这种争论往往喋喋不休,永无休止。无休止的争论不能形成结论,而且是吞噬时间的黑洞。

德鲁克说:"人无法只靠一句话来沟通,总得靠整个人来沟通。"沟通只在有接受者接受时才会发生。

在我们给出做某事的标准之前,我们不可能让别人领会到自己头脑中的标准。

沟通是个无底洞

"沟通是个无底洞。"管理大师汤姆·彼德斯说,"人类的本性就是这样,为了使沟通更有礼节一点儿,时间更短一点儿,你必须与别人反复沟通。"我们需要有效的、积极的沟通,这也是实现极简管理、提高工作效率的首要途径。

其实,沟通本身无处不在,现代化的沟通手段比过去丰富很多,可以使沟通随时、随地发生。然而,研究者发现,内部沟通中,至少有80%的会议、电话、E-mail等属于分享信息,对行动没有帮助,不是为最后决策而沟通,如果对方把这些信息忽略了的话,也不会造成严重后果,真正对实际行动有用的沟通可能还不到20%,这就很容易出现"议而不决,决而不行"的情况。

此外,工作节奏加快、闲暇时间有限也使人们缺乏倾听的耐心,散布消息或快速搜寻对自己有用的信息成为沟通的主要目的,这也是谣言比正常渠道发布的信息速度快、传播范围广的重要原因——人们不愿意花时间认清本质，深入事件发展进程。

工作中的沟通就是为了能让工作变得极简而高效，因此沟通也应该用极简的方式。日常的沟通一定要简要直接。能站着沟通，就不要坐着沟通。不讲套话、不讲多余的话，把最重要的信息首先传达给对方，然后把需要讲的话说完就可以了。

站立式沟通是实施极简沟通的一个有效方法。有些事情没有必要坐下来讨论。如每周第一个工作日的晨会，部门经理只要站在黑板前，把一周要做的事情在黑板上描述一下，把自己的信息与其他经理沟通一下就好，而且时间不必很长，只要讲清楚你要让大家做什么、怎么做就可以了。

有些公司还规定，任何管理人员到车间现场不准坐下，因为到下边是去发现和解决问题的。发现问题就站着商量，如何解决问题就到办公室深入讨论，因此在现场不能坐。这样一来，所有的问题就简单了。车间员工知道上级是来工作的，不是来闲聊的，这种行为无形中就传达了一种良性信息。

会议也同理。实行简短会议不但节约了时间，还培养起员工们一种思维习惯和方式。好的会议方式是最能培养人的。在会议上，每个人都尽量严格控制讲话时间，把最重要的信息传递给大家，坚持不讲废话。

沟通的目的是传达信息,而不是为了说服对方,这也是实现极简沟通的重要途径。很多管理者都有一定要说服对方的欲望,从而导致了沟通无法停止,造成了沟通在时间和空间上的无底洞。

都说"有话则长,无话则短",但这个并不是极简,极简是"有话则短,无话则不说"。极简,从字面上理解就是极其简单。它意味着直截了当,意味着不拖泥带水。

沟通要到位

禅宗理念中曾提出过一个问题,"若林中树倒时无人听见,会有声响吗?"答曰:"没有。"树倒了,确实会产生声波,但除非有人感知到了,否则就是没有声响。沟通亦然,只在有接受者接受时才会发生。

无论做什么工作,只要是在有两个人以上的地方,就要保证彼此间良好的沟通。

沟通对任何项目或企业的发展都是非常重要的。要科学地组织、指挥、协调和控制项目或者活动的实施过程,就必须进行信息沟通。沟通对项目的影响往往是潜移默化的,所以,在成功的项目中人们往往感受不到沟通所起的重要作用,在失败项目的反思中,却最能看出沟通不畅的危害。

没有良好的信息沟通,项目的发展和人际关系的改善,都会受到制约。很多项目开发中，最普遍的现象是一遍一遍地返工，导致项目的成本一再加大，工期一再拖延，为什么不能一次性把事情做好呢？原因还是在于沟通不到位。据统计，现代企业工作中的障碍50%以上都是由于沟通不到位而产生的。

彼特和迈克同时到一个科室上班，两个人都很勤劳，领导交代的事都能及时去做。彼特更为主动，常常领导还没有说完，他就急不可耐地去干了。迈克总是耐心听取领导的指示，不明白的地方还会不断请示。结果可想而知，彼特做完的工作，常常被要求返工，而迈克却很少有类似现象发生。

彼特的问题出在什么地方呢？就是和领导沟通不到位。沟通不到位，领导会以为你完全领会了他的意思，但是完工以后却并非如此，当然会出现返工了。

有效沟通是实现极简管理、提高工作效率的重要途径。在《西游记》中，唐僧师徒西天取经经过九九八十一难，有几次就是内部沟通出了问题。

譬如"三打白骨精"，孙悟空绝对是对信息本质把握最早、最清楚的人，但是他性子急，在最开始没有与师父有一个良性的沟通。唐三藏虽然反应很慢，但毕竟是大家的师父，有神圣不可侵犯的权威。孙悟空擅自打死妖怪，侵犯了唐三藏的权威。后来无论孙悟空如何沟通，唐三藏对其也不再信任。

主动与上司沟通

有一位财会专业的女生到一家公司应聘财会工作，财务经理对她不太满意，但人力资源经理还是给了她一次机会，安排她从事客服工作。结果，这位女生的表现实在令人失望。她的性格过于内向，不喜欢沟通和交流，既不主动和同事打招呼，也不向"师傅"请教。很多时候，她不明白或者不清楚分配的任务，也不会向上司发问，只是按照自己的理解去做，结果总是与上司的要求相差甚远，最终连这唯一的机会也丧失了。

一个不善于与上司沟通的员工，是无法做好工作的。可以说，现在的每个企业都是人才辈出、高手云集，在这样的环境中，信守"沉默是金"者无异于慢性自杀，不会有什么前途。如果只有正确的工作态度和工作效果，充其量让你维持现状。如果想真正有所成就，必须主动与上司沟通。

卡特是美国金融界的知名人士。他初入金融界时，他的一些同学已在业内担任高职，也就是说他们已经成为老板的心腹。当卡特向他们寻求建议时，他们教给卡特一个最重要的秘诀就是一定要积极地与上司沟通。

现实生活中，许多员工对上司有一种生疏及恐惧感，他们在上司面前噤若寒蝉，一举一动别别扭扭，极不自然，甚至就连工作中的述职，也尽量不与上司见面，或托同事代为转述，或只用书面形式做工作报告，他们认为这样可以避免被上司当面责难的难堪。

还有很多员工在任务执行过程中常常会遇到许多不确定的问题，但是他们认为求助是自己无能的表现，所以在遇到一些问题时，不愿意主动寻求领导的帮助，怕领导嘲笑。另外，还有些人认为领导太忙，自己的事情太小，也不是非常着急的事情，怕麻烦领导因而给领导留下不好的印象！

不久前，笔者遇到一个公司同事，他向我抱怨说，他网上提交的报销单据很长时间领导都没有给他批了，对领导挺有意见。我就反问他为什么不跟领导说呢，他说自己不好意思，担心领导责问！

然而，人与人之间的好感是要通过实际接触和语言沟通才能建立起来的。一个员工，只有主动跟上司有一个面对面的接触，让自己真实地展现在上司面前，才能令上司认识到自己的工作才能，才会有被赏识的机会，才可能得到提升。

那些只一味地勤奋工作、怕事、不主动沟通的员工往往爱揣测上司的意思，不愿开口询问，对什么事都假装自己知道情况，并拼命从不完整的信息中拼凑出事情的全貌，最后的工作结果很可能与上司的要求相差甚远。

而那些有潜在能力，且懂得主动与上司沟通的员工却明白，在工作中保持沉默只会给自己带来不利，只有积极沟通，成功地完成事情才是明智的行为。所以，他们总能善于发现沟通渠道，更快更好地领会上司的意图，把工作做得近乎完美。

员工在工作中，应树立工作第一、效率第一的意识，学会"管理上司"，领导是你工作上可利用的资源。不仅仅在有问题时才寻求领导的帮助，在工作进展顺利时也要向领导主动汇报工作的进展情况，因为领导最担心的事情就是不知道你在忙什么，不知道你的工作到底做得怎么样了。

对于工作汇报，你要做的只有以下两件事情：

第一，每月至少询问一次你的主管："我做得如何？"尽量提出具体的问题，例如："老板对于我所排定的进度是否有什么意见？""我想会议流程非常顺畅，你认为还有什么地方要改进的吗？"你应该随时和主管沟通自己的工作表现，而不是只有每年一次的业绩评量，这样你可以事先知道自己的缺点在哪里，及时做出改正，同时也可以了解主管的期望。

第二，每月至少询问一次："原先的工作安排有没有必要调整？"也许你的目标是在年初，甚至是前一年年底所定下的，然而外在的环境有所改变，先前设定的目标势必也要做出调整，所以应该随时确认最优先的目标是哪些。

主动与上司沟通，主动争取每一个沟通机会。不仅在工作场合，日常生活中与上司的匆匆一遇，也有可能决定着你的未来。比如，电梯间、走廊上、吃工作餐时，遇见你的老板，走过去向他问声好，或者和他谈几句工作上的事。千万不要畏首畏尾，极力避免让上司看见，或匆忙地与上司擦肩而过。如果你能善于沟通，乐于沟通，有一天你会发现，你的工作总是能最好、最快地完成。

所以说如果你不主动沟通，就没有执行力！

积极与下属沟通

作为员工，应该积极与领导沟通；作为上司，同样需要积极地了解下属的情况。郭士纳在《谁说大象不能跳舞？》中发人深省地指出："在有关执行方面犯下的最大错误，莫过于把期望和检查混为一谈。因为太多的CEO并不知道：人们只会做你检查的事情，而不会去做你期望的事。"

在工作中，我们经常会遇到下面这种情况：很多领导在给下属员工分配完任务后，就做起了"甩手掌柜"，坐等任务完成。

一般情况下，下属接到任务后，便开始思考自己对任务的认识及如何完成任务，由于没有得到及时的指导和充分的沟通，他们难以得到相关信息的支持，最终任务将会很难完成，或者完成的结果与领导的设想有差距。产生差距的责任，最终肯定会落在这位不幸的员工头上，而领导者从不会认为自己有错。

不难理解，要想让员工很好地完成任务就要对其工作不断督促、检查。所以领导者要主动走出办公室，主动找员工了解情况，给予员工工作所需的支持，并把握工作的进度。

作为沟通中的"甲方"，每个领导还应该注意以下两点：

第一，沟通必须是平等的，职位高者不能是一副居高临下的态度；

第二，沟通的目的并不是一定要改变对方的观点，而是相互交流观点。

在涉及跨部门协调工作时，常私下听到有些公司同事抱怨某某部门的办事效率如何的低，某某部门某某人办事情死心眼，不灵活。在一个大型企业里面，一个部门的人如果不主动的话，一般很难了解别的部门的工作安排是什么，所以常会觉得自己的事情到别人那儿怎么就卡住了呢？为什么不能快点儿给我办了呢？

跨部门工作协调时，要主动告诉别人自己的职责和担负的责任，让别人充分理解你的工作，而寻求帮助的人，要不断督促给你办事的人，由于各个部门都很忙，所以往往是"只会做你追得紧的事，而不做你期望的事"。

抓住沟通的诀窍

众所周知，良好的沟通至关重要。那么搞好沟通简单吗？说难则难，因为人与人的关系本来就难以捉摸；说易则易，那就是抓住沟通的窍门。

与他人说话时必须考虑对方的经验和受教育程度。如果一个经理人和一个半文盲员工交谈，他必须用对方熟悉的语言，否则结果可想而知。谈话时试图向对方解释自己常用的专业用语并无益处，因为这些用语已超出了他们的认知能力。

接受者的认知取决于他的教育背景、过去的经历以及他的情绪。如果沟通者没有意识到这些问题的话，他的沟通将会是无效的。另外，晦涩的语句就意味着杂乱的思路，所以，需要修正的不是语句，而是语句背后想要表达的看法。

有效的沟通取决于接受者如何去理解。例如经理告诉他的助手：

"请尽快处理这件事,好吗?"助手会根据老板的语气、表达方式和肢体语言来判断,这究竟是命令还是请求。德鲁克说:"人无法只靠一句话来沟通,总得靠整个人来沟通。"

沟通不仅仅是说,而是说和听。一个有效的听者不仅能听懂话语本身的意思,而且能领悟说话者的言外之意。只有集中精力地倾听,积极投入判断思考,才能领会讲话者的意图,只有领会了讲话者的意图,才能选择合适的语言说服他。从这个意义上讲,"听"的能力比"说"更重要。

渴望理解是人的一种本能,当讲话者感到你对他的言论很感兴趣时,他会非常高兴与你进一步交流。所以,有经验的聆听者通常用自己的语言向讲话者复述他所听到的,好让讲话者确信,他已经听到并理解了讲话者所说的话。

所以,无论使用什么样的渠道,沟通的第一个问题必须是:"这一讯息是否在倾听者的接收范围之内?他能否收得到?他如何理解?"下面是有效沟通的一些简单建议。

——以婉约的方式传递坏消息句型:我们似乎碰到一些状况。

你刚刚才得知,一件非常重要的案子出了问题。如果立刻冲到上司的办公室里报告这个坏消息,就算不关你的事,也会让上司质疑你处理危机的能力,弄不好还惹来一顿骂、把气出在你头上。此时,你应该以不带情绪起伏的声调,从容不迫地说出本句型,千万别慌慌张张,也别使用"问题"或"麻烦"这一类的字眼,要让上司觉得事情并非无法解决,让你的话语听起来像是你将与上司站在同一阵线,并肩作战。

——上司传唤时责无旁贷句型:我马上处理。

冷静、迅速地做出这样的回答,会让上司认为你是名有效率、听话的好员工。相反,犹豫不决的态度只会让任务繁重的上司不快。夜里睡不好时,还可能迁怒到你头上呢!

——表现出团队精神句型:迈克的主意真不错!

迈克想出了一条连上司都赞赏的绝妙好计,你恨自己的脑筋动得没有比人家快,与其拉长脸、暗自不爽,不如偷沾他的光。方法如下:趁着上司听得到的时刻说出本句型。在这个人人都想争着出头的社会里,一个不嫉妒同事的员工,会让上司觉得此人本性纯良、富有团队精神,因而另眼看待。

——说服同事帮忙句型:这个报告没有你不行啦!

有件棘手的工作,你无法独立完成,非得找个人帮忙不可。于是你找上了那个对这方面工作最拿手的同事。怎么开口才能让人家心甘情愿地助你一臂之力呢?送高帽、灌迷汤,并保证他日必有回报,而那位好心人为了不负自己在这方面的名声,通常会答应你的请求。不过,将来有功劳时别忘了给人家记上一笔。

——巧妙闪避你不知道的事句型：让我再认真地想一想，三点钟以前给您答复好吗？

上司问了你某个与业务有关的问题，而你不知该如何作答，千万不可以说"不知道"。本句型不仅暂时为你解危，也让上司认为你在这件事情上很用心，为了考虑周全，一时间竟不知该如何启齿。不过，事后可得做足功课，按时交出你的答复。

——智退性骚扰句型：这种话好像不大适合在办公室讲喔！

如果有男同事的黄腔令你无法忍受，这句话保证让他们闭嘴。男人有时候确实喜欢开黄腔，但你很难判断他们是无心还是有意，这句话可以令无心的人明白，适可而止。如果他还没有闭嘴的意思，即构成了性骚扰，你可以向有关人士举发。

——不着痕迹地减轻工作量句型：我清楚这件事更重要，我们能不能先查一查手头上的工作，按重要程度排出个优先顺序？

首先，强调你明白这件任务的重要性，然后请求上司的指示，为新任务与原有工作排出优先顺序，不着痕迹地让上司知道你的工作量其实很重，若新任务非你不可的话，有些事就得延后处理或转交他人。

——恰如其分地讨好句型：我很想知道您对某件案子的看法……

许多时候，你与高层要人共处一室，而你不得不说点儿话以避免冷清尴尬的局面。不过，这也是一个让你能够赢得高层青睐的绝佳时机。但说些什么好呢？每天的例行公事，绝不适合在这个时候讲，谈天气的话，又不会让高层对你留下印象。此时，最恰当的莫过一个跟公司前景有关而又发人深省的话题。问一个大老板关心又熟知的问题，在他滔滔不绝地诉说心得时，你不仅获益良多，也会让他对你的求知上进之心刮目相看。

——承认疏失但不引起上司不满句型：是我一时失察，不过幸好……

犯错在所难免，但是你陈述过失的方式，却能影响上司对你的看法。勇于承认自己的疏失非常重要，因为推卸责任只会让你看起来就像个讨人厌、软弱无能、不堪重用的人，不过这不表示你就得因此对每个人道歉，诀窍在于别让所有的矛头都指到自己身上，坦诚的同时淡化你的过失，转移众人的焦点。

——面对批评要表现冷静句型：谢谢你告诉我，我会仔细考虑你的建议！

自己苦心完成的成果却遭人修正或批评时，的确是一件令人苦恼的事。不需要将不满的情绪写在脸上，但是却应该让批评你工作成果的人知道，你已接收到他传递的信息。不卑不亢的表现令你看起来更有自信、更值得人敬重，让人知道你并非一个刚愎自用或是经不起挫折的人。

良好的沟通其实也很简单，只要真心付出，就会有相应的回报。总的来说，有效沟通并不复杂，只要记住几个简单原则就可以了：一是能用说的就不用写的，采取最简捷的方式；二是尽量用面谈而不用转告，缩减中间环节；三是要从对方立场考虑，使用大家都能听懂的语言。

直截了当就是极简的沟通方式，尽量省略一切中间的过程，以确保沟通的最佳效果。

不做无效的争论

沟通前，管理人员要弄清楚做这个沟通的真正目的是什么，要对方理解什么。漫无目的的沟通就是通常意义上的唠嗑，是无效的沟通。确定了沟通目标，沟通的内容就围绕沟通要达到的目标组织规划，也可以根据不同的目的选择不同的沟通方式。

沟通过程中不可避免地存在争论。软件项目中存在很多诸如技术、方法上的争论，这种争论往往喋喋不休，永无休止。无休止的争论不能形成结论，而且是吞噬时间的黑洞。终结这种争论的最好办法是改变争论双方的关系。

争论过程中，双方都认为自己和对方在所争论问题上地位是对等的，关系是对称的。从系统论的角度讲，争论双方形成对称系统，而对称系统是最不稳定的，而解决问题的方法在于把对称关系变为互补关系。比如，某一方放弃自己的观点或第三方介入。

项目经理在遇到这种争议时一定要发挥自己的权威性，充分利用自己对项目的决策权。

如果你是一个下属，为了避免无休止的争论，你可以先确定你的主管是否可以沟通。主管对于你的意见通常会有以下5种可能的回答：

1.完全同意："我完全同意你的看法，也会全力地支持你。"

2.同意："我并不是完全同意，但是我相信你的判断。"

3.不置可否："我不同意你的看法，原因是……不过很谢谢你的意见。"

4.不同意："就照我的方法做。"

5.完全不同意："我绝不允许有这样的想法，更不允许再听到这样的想法。"

如果你发现，在沟通过程中，主管的回答多半是前三种情况，就表示这个主管是可以沟通的，愿意接受别人的想法。如果多半属于最后两种情况，就代表他是不容易沟通的人，总是听不进别人的意见，冲动做出决策，不愿意反省，只注重个人利益或权力。在这样的主管面前，不论你提出什么样的想法或意见，都不会被虚心采纳。

如果真的遇到这样的主管，完全没有沟通的可能时，这时候你就不必再浪费时间或精神做无谓的沟通或是尝试改变。这时你必须做出选择：你是否能够接受这样的工作环境，凡事只依照主管的意见做事？或是你比较喜欢有自己发挥的空间？这是选择的问题，无关好坏。你可以有以下的做法：

——微笑点头

你已经决定不会将所有的精力投入在这家公司，只当这是一份工作，做好分内的事情就可以。这份工作不是你生活中非常重要的部分，你宁愿花更多时间在家庭或是自己的兴趣上。

——寻求其他发声渠道

你仍然相信这家公司，也认为这里有不错的工作环境，只是遇到了不好的主管。所以你还希望再做一些努力，你需要去考虑：公司内是否有其他的渠道可以让你的想法或是建议被公司其他人或是更高级的主管听到，如全体员工大会等。

——准备转换跑道

你已经知道问题是无法解决的，或许是这家公司不愿意解决，或是缺乏健全的制度与渠道，这时你应该当机立断，寻找新的环境。

不要轻信心领神会

在美国哈伯德的著名畅销书《致加西亚的信》中有这么一个故事：

一位经理坐在办公室里——有6名职员在等待安排任务，他将其中一位叫过来，吩咐道："请帮我查一查百科全书，把克里吉奥的生平做成一篇摘要。"

这位职员静静回答："好的，先生。"

然后立即去执行吗？我敢肯定这位职员绝对不会去执行，他会用满脸狐疑的神色盯着经理，提出一个或数个问题：

他是谁呀？

他去世了吗？

哪套百科全书？

百科全书放在哪儿?

这是我的工作吗?

为什么不叫乔治去做呢?

急不急?

你为什么要查他?

在这位经理回答了他所提出的问题,解释了如何去查那些资料,以及为什么要查之后,那个职员才可能走开,去吩咐另外一个职员帮助他查克里吉奥的资料,然后回来告诉经理:根本就没有这个人。

在《致加西亚的信》中,哈伯德极力贬低了上司与部属的沟通,认为杰出的员工应该能心领神会,然而再简单的问题也有理解错了时,再默契的配合也有沟通不到位时,我们应该做的是沟通到位——说话说到位。古语说:"问路时宁可多问一百遍,也不可走错一遍。"交流工作亦是如此,宁可多说十遍,也不可办错一件。

著名管理学家克劳士比时常提起这样一个故事:

一次工程施工中,师傅正在专注地工作。这时他手头需要一把扳手,于是叫身边的小徒弟:"去,拿一把扳手来。"小徒弟飞奔而去。师傅等啊等,过了许久,小徒弟才气喘吁吁地跑回来,拿回一把巨大的扳手说:"扳手拿来了,真是不好找!"

可师傅发现这并不是他需要的扳手。他生气地说："谁让你拿这么大的扳手呀？"小徒弟没有说话，但是显得很委屈。这时师傅才想到，自己叫徒弟拿扳手时，并没有告诉徒弟自己需要多大的扳手，也没有告诉徒弟到哪里去找这样的扳手。自己以为徒弟应该知道这些，可实际上徒弟并不知道。师傅明白了：发生问题的根源在自己，因为他并没有明确告诉徒弟做这件事情的具体要求和途径，太轻信了心领神会。

第二次，师傅明确地告诉徒弟，到某间库房的某个位置，拿一个多大尺码的扳手。这回，没过多久，小徒弟就拿着他想要的扳手回来了。

克劳士比讲这个故事的目的在于告诉人们，要想把事情做对，就要清楚地告诉别人：该做什么，何时去做。在我们给出做某事的标准之前，我们不可能让别人领会到自己头脑中的标准。

进行极简沟通的技巧

1.能站着沟通,就不要坐着沟通。任何管理人员到车间现场不准坐下来。

2.主动与上司沟通,主动争取每一个沟通机会。

3.每月至少询问一次你的主管:"我做得如何?"尽量提出具体的问题。

4.想让员工很好地完成任务就要对其工作不断督促、检查。领导者要主动走出办公室,主动找员工了解情况,给予支持,并把握进度。

5.与他人说话时必须依据对方的经验和受教育程度,从对方立场考虑,使用大家都能听懂的语言。

6.有经验的聆听者通常用自己的语言向讲话者复述他所听到的,好让讲话者确信,他已经听到并理解了讲话者所说的话。

7.能用说的就不用写的,采取最简捷的方式。

8.尽量用面谈而不用转告,缩减中间环节。

9.当完全没有沟通的可能时,不要继续浪费时间企图改变。

10.沟通的目的是传达信息,而不是为了说服对方。

V

制作极简的报告

人类不擅长处理大量的新数据和信息,一般的人在短期内最多能记住6~7条数据或信息。因此,庞大的信息量对于人们来说往往都是累赘。因此由于人类思维方式的限制,简单的信息量远比复杂的信息量更有利于人类的思考和决策。

实时的沟通，我们也自然而然地觉得必须随时让人找得到、及时回应接收到的每件事、必须立即完成每件事，从而导致所有人都因为这种不切实际的约束而工作过量、过度消耗自己。

电子邮件以及实时通信技术是一种幸福，同样也是一种诅咒。因为它，你可以看到全世界；也因为它，你被杂乱、没有焦点、不必要的讯息给淹没了。

"最容易阅读、理解与回复的信件，最能吸引我的注意。"太多的信息反而会让人变得没有重点，如果又缺乏解释，对于老板一点儿帮助也没有。

一页报告的威力就在于，它比那些将重点分布于几十页的"纸堆"要简明有效得多。事实上，任何建议或方案多于一页对我们来说都是浪费，甚至会产生不良的后果。

要写出言简意赅的工作报告，你的报告就不能像上学期间的竞赛作文那样，用大量无用的累赘辞藻，而是只用简单恰当的词语表达出准确的意思即可。

良性互动是相互理解与相互沟通的最好方式。在你来我往的信息中，相互间可以很快摸清对方的意图，了解对方的关切，从而将报告引向正确的方向。

只有一页的报告

1995年，一位中国留学生在中德合资的家电公司西门子当副总经理，在此期间，他体会了极简管理的妙处。

一次，在董事会召开前几天，他就把明年的人力资源计划交给了总经理。过了两天，总经理的秘书叫他过去，秘书说："我们德国人很懒。"

中国留学生问为什么呢？秘书说德国人喜欢几张纸的事情变成一张纸来说，一张纸的事情最好变成几行字来说。

听秘书这么一说，中国留学生茅塞顿开。因为中国人总是一句话要变成几句话来讲，几句话要花费几个小时来讲，几个小时要变成一个上午来讲，几个字要变成一篇大文章，几分钟的会议要变成一天的会议。这跟德国人是完全不同的思维模式。能用一句话说清楚的，为什么要用几句话呢？理念不同，后面什么都不同了。

优秀公司的制度一般都具有简洁的特征，宝洁公司也是个很好的例子。宝洁公司的制度具有人员精简、结构简单的特点，该制度与宝洁公司雷厉风行的行政风格相吻合。宝洁公司这一"深刻简明的人事规则"制度的顺利推动，使得他们的成员之间沟通良好。

宝洁公司品牌部经理说："宝洁公司有一条标语——'一页报告'，这是我们多年的管理经验的结晶。事实上，任何建议或方案多于一页对我们来说都是浪费，甚至会产生不良的后果。"

我们可以把这一风格追溯到宝洁公司的前任总经理理查德·德普雷（Richard Deupree），他十分厌恶超过一页的报告。他通常会在被他退回的冗长报告加上一条留言："把它简化成我所需要的东西！"

如果该报告过于复杂，他还会加上一句："我不能理解复杂的问题，我只理解简单明了的！"

一位采访者曾经要他解释这一点，他说："我工作的一部分就是教会他人如何把一个复杂的问题简化为一系列简单的问题。只有这样，我们才可以更好地进行下面的工作。"

曾任该公司总裁的爱德华·哈尼斯（Edward Harness）在谈到这个传统时说："从众多意见中筛选出有关事实的一页报告，正是宝洁公司做出正确决策的基础。"

大量雇员之间无休止地讨论，导致了解决问题过程中的政治化和复杂化，这些又进一步地增加了不稳定性的因素。因此，一页报告解决了很大的问题。

首先，只有少量问题是最值得讨论的，一页的报告使问题明朗化。

其次，建议条目按顺序展开，简洁、易懂。总之，模糊凌乱的报告与简洁高效无缘。

查尔斯·埃姆斯（Charles Ames）是雷兰斯电器公司（Reliance Electric）的前任总裁，现任阿克米－克利夫兰公司总裁，他也说过一个类似的观点："我可以让一位部门经理连夜赶出一份长达70页的意见稿，但我做不到让他做好一份只有一页长的稿子、一个图表，只注明趋向和根据这些趋向所做出的预测，然后说'这几个因素可能会使其表现得更好，也可能会使其变得更糟'。"

一位金融分析家曾评价宝洁公司说："他们干的是费力活，把事情搞得很透彻。"

另一位金融分析家补充说："他们处理问题很精细，甚至追求完美。"

人们也许会怀疑，如果说报告只有一页长，他们是如何使其处理得如此透彻、如此精湛的呢？答案是，他们不遗余力地将所有精华浓缩到一页。

一页报告的威力就在于，它比那些将重点分布于几十页的纸堆要简明有效得多。

详略得当，内容精简

作为公司的一名员工、上级的一名下属，谁都免不了要向上级提交工作计划，汇报工作进度，总结工作成绩，但是有些员工虽然工作不怎么样，却总能得到上司的夸奖，而有些人工作卖力、绩效不错，却得不到上司的赏识。因此，不少人会感叹如今竟找不到赏识他们这匹"千里马"的"伯乐"。其实，毛病并不是出在没有"伯乐"上，而在于他们自己不懂得作报告的秘诀。

有很多人都进入了两个误区：有的人认为报告越长越能显示工作卖力，越详细越能得到老板的赞赏；有的人则恰恰相反，认为报告越短越好，越简单越能显示出深厚的文字功底。其实，只要我们换位思考一下，就能知道什么样的报告是恰到好处的。

你的上司是一位管理者，他除了要进行统筹安排，纵观全局外，他还要参加各种各样的商业活动和应酬，他的时间是多么的宝贵啊，如果你的报告事无巨细、冗长而难懂，你的上司怎么会有心思继续听下去呢？也只有无所事事、碌碌无为的平庸之辈才会有既能花时间听员工夸夸其谈，又梦想着捞回大把钞票的"境界"。

有人曾夸张地说："比尔·盖茨一秒钟就能够赚到好几千美元，以至于他都没有时间去捡掉到地上的钱！"这种说法确实有些夸张，但也是很有道理的，在这个信息高度发达的时代，时间就是机会，时间就是金钱，你上司的每一分每一秒都是弥足珍贵的，是浪费不起的，没有哪个明智的上司会听你长篇大论。所以，报告内容切忌繁杂冗长，没有重点地乱说一气。

同样，过于简单、没有重点的报告可能会让你的上司很难立刻理解你的工作情况，不免会对你进行追问，或者对你说的不以为然，不加重视，与其这样给上司留下做事马虎、不周全的印象，还不如开始就将报告写好，做到详略得当，内容精简，重点突出。

精简的内容可以让你的上司很快了解你的工作情况，对你一段时间以来的工作表现有一个大概的了解，而且精简的报告也会给你的上司一个干练、利索的好印象，从而使他从心里接受你，耐心听完或看完你的工作报告。

同时，报告的内容还要做到重点突出，详略得当。你的上司并不是你的"管家婆"，他不需要知道你一天到晚都在干什么，你的报告应该能够将你的主要成绩、主要计划清晰地告诉你的上司，只有这样，你的工作才能得到合理的考核，你的计划和主张才能被上司趁早考虑，及时得到反馈。

可见，要让"伯乐"发现你是一匹真正的"千里马"，光有真本事，只会埋头做事是远远不够的，你还要会表现自己，而阶段性的报告就是你表现自己的一个最直接的方式。当然，如果你有机会天天和你的上司待在一起，最直接的方式就是你的平常表现了，但这是很少人才有的殊荣，所以，你应该重视递给上司的每一份报告，让它们成为你与上司交流的媒介，成为上司了解你的最好方式。

言简意赅的工作报告对于每一个员工都是非常重要的，那么怎样才能写出言简意赅的报告来呢？对于习惯了写长篇大论的人确实很难。万事开头难，当你看完了下面的故事，你就会恍然大悟，并且你很快就可以从中总结出重要的经验来。

有个主编对年轻的新闻记者说："我们的报纸不刊登冗长的文章，您送来的稿件必须是情节紧张、体裁短小、重点突出，文章因短小而见长的。"

城里刚发生了一起事故。这位记者去了警察局，见到了遇难者家属，调查了遇难者生前的习惯并探究了该起事故的深刻意义，然后认真地写起新闻稿来，并试图写得言简意赅。当主编读完这篇稿子后，记者得到的却是一顿训斥："什么？这竟然是一篇新闻稿？简直是一部小说！三十行，太长了！"

记者无奈地拿回去改写，从三十行缩为十五行，被自己的文采陶醉一番后，它又去了主编那儿，可是主编根本没有读完就说："还是太长了！"记者再一次回去修改。

这次修改后确实相当简短，仅仅由三句话构成："弗里茨·莫斯巴黑尔拿着一根划亮的火柴，看他汽车油箱内是否还有汽油时，事故就发生了。火葬仪式在星期四11点举行。"

这位记者在经过几次删减后终于写出了主编满意的稿子，文章不仅短小，还包括了所有的内容，真可谓言简意赅。看似无奈不得不做的删减，实际上只是将一些用来润饰文章的华丽辞藻删除，保留骨干。所以，要写出言简意赅的工作报告，你的报告就不能像上学期间的竞赛作文那样，用大量无用的累赘辞藻，而是只用简单恰当的词语表达出准确的意思即可。

最重要的是突出重点

凡事应追求极简,排斥繁复的泛论。人们在生活和实践中,常常陷入谜团,妨碍了自由的思考,就是因为欠缺极简。

在经营活动中,"奥卡姆剃刀"揭示的极简原则已经成为不断向上发展的企业成功秘诀,在企业界广为流行。

多数人在向主管或是老板报告时,总是担心信息不够多,产生"万一老板问起来,答不出来该怎么办"的担忧。根据美国商业心理顾问公司的心理学家约翰·维佛(John Weaver)所进行的研究显示,10%~15%的人在面对老板时会有恐惧的心理,而且如果向老板报告时手中的资料不够多,感到恐惧的人数比例又会更多。

其实,这种担忧是多余的。太多的信息反而会让人变得没有重点,如果又缺乏解释,对于老板一点儿帮助也没有。"内容精简、切中要点,最重要的是能够帮助我快速地做决策。"这是詹森访问多位资深主管对于PPT内容的要求时，所得到的一致结论。

你要做的是利用重要的信息或是数据提出解释，一定要有自己的观点，而不是模棱两可的描述。如果你是老板的话，你会做出什么样的决定：新产品上市的最佳时机是什么时候？应该跟随竞争对手一起降价，还是要逆市操作？

此外，向老板报告时，要能精确地掌控时间，你要做好在报告过程中随时被打断的心理准备，老板可能在此期间接了个电话，或是提出一些问题，必须花时间向老板说明与讨论。所以，如果你有30分钟的时间，只要准备10分钟的报告内容，不仅可以避免超出时间，而且可以替老板省下更多时间，更能显现出你的工作效率。

如果报告的主题是关于长期的规划，要记住：过去以及未来的90天是最重要的。如果你要制作10页的PPT，报告未来一年的年度规划，未来90天的计划应该占9页的内容，需要详细地说明，至于其余的部分只要1页就可以。

此外，如果你希望得到老板的支持，必须清楚、直接、简明扼要地表达出你的观点。不要让老板觉得你只是想偷懒，把责任推给他。举例来说，如果你希望老板支持你的提案，你应该列出已经完成的工作项目，而后提出未来30~60天需要老板协助的事项，例如，他可能要参加哪些会议、参加会议的人员有哪些、他需要公开向所有员工宣布哪些事项等。

言简意赅固然重要，但更应该看重重点突出。有个科学家曾做了这样一个试验，他让一群人观察一头瞎了一只眼睛的大象。他先把这群人分成两组，每组10人，在第一组观察前，他先将大象的眼睛用红布蒙住，然后当着第一组人的面将红布解开，5分钟后让他们分别写出他们所看见的大象特征。结果所有的人都发现了这头大象是一只独眼象。

轮到第二组了，这回科学家在让观察者看之前并不给大象进行任何遮挡，而是让这组人直接观察，同样是5分钟后，科学家看他们写出的大象特征时发现只有两人发现大象有一只眼睛是瞎的。

难道是第一组人比第二组人聪明，更善于观察一些吗？答案并不是，只是他们间接地得到了科学家的提醒罢了。科学家用红布蒙住大象的眼睛，首先是将所有人的目光引向了大象的眼睛，这使第一组人比第二组人有更多的注意力观察大象的眼睛。接着，是人们的好奇心引导，究竟是什么原因要蒙住大象的眼睛呢？这就使第一组人产生了看个究竟的想法，故而又比第二组人观察得仔细了些。

所以，归根结底起作用的是那块红布，而不是第一组的人比第二组的人善于观察。这块红布在这里起到的就是一个突出重点的作用。正是有了这块红布，人们的眼光才集中到了大象的眼睛处，如果你的工作报告能够重点突出，那么你的上司会很容易发现你想要传达给他的信息。

如果你的重点是工作计划,那么你的上司看后就应该能够很快做出反应,使你们之间得到沟通,促进工作的良性快速发展;如果你的重点是工作总结,那么你的上司看后就能够很快明白你的工作成绩,了解你都有些什么本事,肯定你的工作成果,也使他能够很好地认识你,对于你将来的工作、升迁都大有好处。

可口可乐公司是一家全球性的公司,它的分公司几乎开遍了所有国家。起初,可口可乐公司的销售计划都是由最高董事会统一制订的,没有国家和地区的区别。后来,公司最高层实行了放权,将一部分权力下放,由各国分公司根据本国的不同情况制订销售计划。

一段时间后,由于各国销售额参差不齐,有的有所上升,而有的连连亏损,公司董事不得不考虑重新收回销售计划制订权。但是,光是坐在总部看看一些数据还不能说明问题,得亲自到各国进行实地考察,权力下放究竟有无裨益。

公司董事考察的第一站就是中国,在他们来公司之前,中国分公司的经理们就开始准备报告了,该怎么写这个报告呢?有一个人建议说:"公司销售额明显上升,我们应该说服总公司继续实行权力下放,要说服他们就应该汇报与此相关的事,突出重点,言简意赅。"

公司经理采纳了他的建议,汇报完后,总公司的代表非常满意,当场决定权力继续下放,后来,那个提建议的人被提升为中国分公司的副经理。可见,言简意赅、重点鲜明的工作报告的重要性。

科技的进步、信息业的快速发展使我们越来越感受到时间的宝贵，言简意赅、重点突出的工作报告除了可以节省上司的时间，还可以节省你自己的时间，使你有更多的时间投入本职工作中，而不是将大量的时间花在如何写工作报告上。所以，要想工作轻松，付出与得到相平衡，你还应该学会做工作报告，并且要做到重点突出。

注重与上司互动

众所周知,良性互动是相互理解与相互沟通的最好方式,你来我往的信息中相互间可以很快摸清对方的意图,了解对方的关切,从而将报告引向正确的方向。简报时增加互动的机会,可缩短简报的内容与报告的时间。

真正成功的简报在于清楚而正确地传达信息,创造沟通与对话的机会,进而让对方因为你的简报内容而改变思维、决策或是行动。因此,重点不在于简报,而是沟通的质量。你不只是作报告,而是要引发双向的对话,试图影响对方。

如果你在作报告时,不能得到上司的互动,那么你心里就难免会产生焦躁的情绪,进而没有了热情,这使你作报告就如同读布告一样,你的上司也会没兴趣听下去,你的情绪影响他的情绪,他的情绪反过来又影响你的情绪,最终你的工作成绩得不到肯定和认可,你的计划得不到通过，受委屈的还是你自己。

所以作报告时一定要注重与上司的良性互动，从而缩短报告的内容，让上司尽快明白你的意思，了解你的工作情况。

那么，怎样才能使双方产生互动呢？

千万别寄希望于你的上司，他没有义务与你互动，一般情况下，也很难看到他们主动地与下属互动。所以，一切得看你自己的，你必须要能够引导你的上司与你互动，在互动中缩短你的报告内容。

在汇报时，要进行正确的引导。语言是交流的媒介，任何信息都是通过语言传达的，这里的语言除了口头语言外还有肢体语言，所以，你要充分利用好语言这个媒介，引导你的上司与你互动。

你的报告还要有条理，在每个问题说完后都要注意适当地停顿，并且抬头看看你的上司，做出期待他给出评论的表情。如果你的上司发言了，那么你要好好体会他的话，他的每一句话都是听了你前面的报告有感而发的，要善于发掘他话里的意思，做出判断是否应该将刚刚说的事做进一步详述。

如果你没有得到他的任何评论，那么可能就是他对你刚刚说的不感兴趣，那么你就可以立刻进入下一个议题，这样就比较快地缩短了你的内容。

但是作报告不能总是停顿，这样会打乱你作报告的节奏，而且，你的上司也可能会听得不耐烦，这就需要你的报告中要有简短且有深意的语句,可以吸引上司的注意,使他忍不住问你,他一旦问你就是给了你一个信息,他比较感兴趣,你应该接着说。这样重点的内容就可以详细地报告给你的上司了。

作报告时,要会利用肢体语言,无论是你传达给你上司的,还是你从你的上司那里观察到的,都对你们之间的互动有推波助澜的作用。你的富有意义的肢体语言会引起上司的好奇,会马上跟进你的报告问个究竟,这样你就可以避繁就简,详细报告出你的上司比较感兴趣的事情,而将那些他没兴趣也不重要的事情一句带过,这样既缩短了你的报告又突出了重点,可谓一石二鸟!

另外,你通过对上司的肢体语言或面部表情进行观察,也能发现他对什么比较关心对什么不关心,因而也能够有利于缩短你的报告,从而以短小见长,以精悍取胜,给你的上司留下好的印象。

所以,面对上司作工作报告时,要想办法引起他的兴趣和注意,使他能够很好地配合你的报告做出回应,让你知道哪里需要改进,哪里还不够详细,这样你就可以有的放矢,所讲的都是你的上司关注的问题,不至于你说你的,他想他的,最后是他什么也没听进去,自然对你就不会有什么好印象了。因此,在作报告时一定要重视与上司的互动,在互动中完善你的工作计划,提高你的下属形象。

邮件越短,越容易阅读

21世纪是互联网的时代,网络给人类提供了一个信息交流的广阔平台。现在,城市中,网络基本实现了全覆盖,几乎所有公司都实行网络化办公。作为一名企业员工,接触最多的就是电子邮件。

但是我们在享受着电子邮件的便捷时,也容易走入误区。

一是我们过分依赖电子邮件,希望所有的信息都通过它来传递,使得邮件烦琐冗长。

二是我们对邮件形式的过分追求使得它重点不突出,甚至本末倒置。

因此我们首先应该明白电子邮件其实也是一种邮件,是信息交流的一种载体,是我们用来彼此沟通交流的工具。

作为你与上司间交流信息、汇报工作的电子邮件，它不同于你与亲朋好友间互相问候的邮件。你给亲朋好友的邮件可以不在乎篇幅长短、条理是否清晰等。但是，你给上司的电子邮件必须要考虑到这些问题。

因为你与上司间的交流是纯粹工作上的，那么就应该做到短小精悍、重点突出，使你的上司一看就明白，这才是你应该发给上司的邮件。

如果你能够抓住上司的心理寄发电子邮件，那么你的电子邮件会给你带来幸运和无穷的机会。一封电子邮件要能够引起上司的兴趣、博得他的好感，就必须做到简单明了，使你的上司一眼就能看明白你的主要意思。

怎样做到简短呢？是不是越短越容易阅读呢？简短的前提是说清事情的真相，当然不能一味地求短，而使一封信完全没有了内容。

首先，你给上司的电子邮件应该是你的工作计划、工作汇报方面的事情，而不应该有其他的内容，比如你和同事关系如何之类的，这些都不应该出现在你给上司的工作汇报中。

其次，你的报告应该注意要表达清楚自己的意图，将你认为最重要的事情或者你希望上司能马上解决的事，以及你的上司可能会很关注的事情详细地说清楚。而一般事尽量不要提，你的上司已经从别人的报告上看过的事情，在你这里再次看到，肯定会产生反感的。

你给上司的电子邮件除了要掌握好长短主次外，还要注意措辞，要尽量避免用一些生词，并且绝对不能用一些带有轻蔑、表功的词语，因为自夸的人是最让人反感的。

你的上司每天接触到的拍马屁的人肯定不少，听得多了也会产生疲劳、厌烦，所以要少用这类词语，要牢记精简短小、重点突出这一点，决不能让那些空洞的话占据了你的整个报告，那样，你的上司会觉得你是一个没有什么才干的人，因而你的工作成绩不会得到肯定，你的计划也会被"pass"。

如果你的电子邮件短小精悍，让人一看就能知道你写的是什么，既省时又省力，那么你的上司就会认为你不仅是一个能做事的下属，而且是一个干练、办事效率高的人，是一个可以重用的人，这对于你的事业前途无疑是很重要的。

你给上司的电子邮件是你与上司沟通的渠道，要让它畅通就要靠你自己了，只有做到抓住上司的口味，将报告写得深入浅出、头头是道，才能使你的上司经常抽时间看你的邮件，否则，你的上司会关闭这条渠道，那么你就很难让你的上司及时、准确地了解你了。你的电子邮件就是你的面子，电子邮件写得不好会直接导致你的上司对你的反感，长此以往，你在公司就没有发展的机会了。

一个边远省份的官员给他们的国王写了一封洋洋洒洒的长信，以表仰慕之情。国王回了信，感谢他的深情厚谊。从那以后，每隔10

来天，此人就给国王写封信，而且都是些无关紧要的问候之类的话。国王的回信却越来越短，终于有一天，国王再也忍不住，回了一封仅一行字的信："阁下，我已经死了。"不料几天后，回信又到，信封上写着："谨呈在九泉之下的、伟大的国王先生。"国王赶忙回信："望眼欲穿，请您快来。"

这则故事听来实在是令人发笑。其实，现实中也有很多这样的例子，有的下属不明白上司的心理，以为频繁问候、汇报会得到上司的肯定、欣赏，却不知你的上司是越看越反感，越看越有气，以至于要想尽一切办法来逃避你。

邮件内容尽量精简，既能节省写信的时间，又可以增加对方响应的机会。

"最容易阅读、理解与回复的信件，最能吸引我的注意。"这是一位资深主管对于电子邮件使用习惯的回答。

你必须利用最小的空间、最少的文字，传递最多、最重要的信息，而且你的邮件必须很容易阅读，从而节省对方的时间。该怎么做呢？一是把每一封电子邮件的内容限制在8~12句的范围内；二是超过20个字就应换行；三是如果超过3行必须空行。

缩短制作PPT与报告的时间

    Microsoft Office PowerPoint（PPT）的发明，让我们有了更方便的沟通工具，但事实上也占据了大量工作时间。每个人平均每年制作的PPT数目在不断地增加，制作PPT所要花费的时间也是有增无减。在詹森的研究调查中，最高的纪录是，25分钟的议程总共有108页的PPT。有多少人能记得这108页的内容？

    一份好的PPT，必须能产生影响力，改变对方的决定。在制作PPT时，我们时常忘了听众的存在。而真正成功的PPT在于清楚正确地传达讯息，创造沟通与对话的机会，进而让对方因为你的PPT内容而改变思维、决策或是行动。因此，重点不在于PPT，而是基于PPT的沟通品质。你不只是"报告"，而是要引发双向的对话，试图影响对方。

    在做PPT之前，你必须思考以下三点原则：

第一，你希望听众听完PPT之后记得哪些重点？

第二，听众在听你演讲时会有什么样的感受？

第三，你希望他们听完PPT之后有什么样的决定？

接下来就是实际的制作问题了。最好的开始方式，就是把听众想知道的重点转换为问题，这样不仅可以立即吸引听众的注意力，更可以大幅减轻你的工作负担。演示PPT的过程不应只有你一个人在说话，提出问题可以让你和观众有互动的机会。这样一来，50分钟的议程你只需要准备30分钟的PPT内容，其余的时间应该是与听众互动的时间。

举例来说，在解释产品策略时，不要滔滔不绝地解释策略的第一点、第二点、第三点，而是提出问题：我们的产品对你们有什么好处？可以为你的部门带来哪些改变？

每一份PPT都必须有一页的内容摘要，不是要列出报告的重点，而是简要叙述这份报告所要传达的最重要信息。此外，一页放置一个重点，这样才能让他们印象深刻，从而认真地思考你所说的内容。信息过多只会让听众感觉无聊，甚至记不得你说了些什么，等于是一次失败的演示。

不要小题大做

为什么你的上司会反感你事无巨细的汇报呢？其实很简单，在现在这种信息高速发展的时代下，时间实在是太宝贵了，你花几十元钱完成的一封邮件，你的上司要认真地读完它恐怕要浪费好几万元钱，这笔账相信任何人都是算得来的，所以，从你上司的角度出发，你就能理解为什么要将电子邮件尽量地写短、突出重点了，这可以让你的上司几秒钟就能理解你的意图，明白你的工作情况。如果你不能做到简短，而是小题大做，那么就会产生负面后果。

有一次，德国诗人海涅收到一位友人的来信，拆开信封，里面是厚厚的一捆白纸，一张一张紧紧包着的，他拆开一张又一张，总算看到最里面的一张很小的信纸，上面郑重其事地写着一句话："亲爱的海涅，最近我身体很好，胃口大开，请君勿念。你的朋友露易。"

过了几个月，这个叫露易的朋友收到了海涅寄来的一个很大很沉的包裹。他不得不请人把它抬进屋里，打开一看，竟是一块大石头，上附着一张卡片，写着："亲爱的露易：得知你身体很好，我压在心头的石头终于落地了。今天特地寄上，望留作纪念。"

这肯定会成为露易一生中最难忘的一封信。他给海涅的信，有些小题大做，而海涅的回信却也生动形象，以大石头比喻对朋友的担忧，以石头落地表示收信后的放心和轻松。

海涅利用大石头巧妙地提醒了露易，朋友之间的交往应该是简单的。连朋友之间都要做到简单明了，更何况你与上司的通信呢？如果你不能设身处地地为上司着想，一封又一封地给你的上司寄发邮件，让他坐在电脑旁看一些摸不着头脑的文字，那么他肯定也会让你在"板凳"上坐一辈子的。

有效地过滤你的邮件

电子邮件以及实时通信技术是一种幸福,同样也是一种诅咒。因为它,你可以看到全世界;也因为它,你被杂乱、没有焦点、不必要的讯息给淹没了。你应该做的是知道何时关闭你的虚拟沟通之门。有效过滤邮件,让自己的注意力集中在最重要的信息上。

贾德纳市场研究公司(Gartner Research)认为,现代人无可避免地陷入了所谓的"无所不在的联结"(pervasive connectivity)的处境中,所有人在任何时间都可以接触到你。不仅仅是电子邮件,还有微信等各类社交APP。

这些科技让我们可以实时与人沟通,我们也自然而然地觉得必须随时让人找得到、及时回应接收到的每条消息、必须立即完成每件事,从而导致所有人都因为这种不切实际的约束而工作过量、过度消耗自己。

垃圾邮件的泛滥是使我们工作过度的原因之一，但更重要的是，我们不知道如何利用客观的标准快速有效地过滤以及编辑大量的信息，花费太多精力在不重要的信件上，真正需要你注意的却被遗漏了。

正确的过滤流程，第一步是先看信件主旨和寄件人，如果没有让你今天非看不可的理由，就可以暂时排除。这样至少可以排除50%的邮件。

第二步开始迅速浏览其余的每一封信件内容，除非信件内容是近期内（如两星期内）你必须完成的工作，否则就可以暂时排除。这样你又可以再排除25%的信件。

前两个步骤所花费的时间不应超过10分钟。现在你的信箱应该只剩下25%的信件，但是并不表示你必须阅读剩下全部信件。你必须判断这封信件：

（1）是否与你现在的工作内容有关？

（2）是否提到你必须完成哪些事？

（3）是否说明应达成什么样的目标？

（4）是否列出可使用的资源？

如果回答都是否定的，就直接排除或是回复给寄件人，请求对方尽快回复以上的问题。完成以上三个阶段的步骤，你应该可以成功地排除90%的无用信件。

采用极简报告的技巧

1.把几张纸的事情变成一张纸来说,把一张纸的事情变成几行字来说。

2.报告的内容切忌繁杂冗长,没有重点地乱说一气。

3.先看信件主旨和寄件人,如果没有让你今天非看不可的理由,就可以暂时排除。

4.开始迅速浏览其余的每一封信件内容,除非信件内容是近期内你必须完成的工作,否则就可以暂时排除。

5.一页放置一个重点,这样才能让他们印象深刻,从而认真地思考你所说的内容。

6.邮件内容尽量精简,既能节省写信的时间,又可以增加对方响应的机会。

7.内容精简、切中要点,最重要的是能够帮助上司快速地做决策。

8.做简报时增加互动的机会,可缩短简报的内容与报告的时间。

9.把听众想知道的重点转换为问题。

10.在每个问题说完后都要注意适当地停顿,并且抬头看看你的上司,做出期待他给出评论的表情。

VI

进行极简的协作

复杂会导致误解,简洁会排除迷惑。从效率的角度来看,如果最早的「泰勒制」是「点效率时代」,到福特的汽车生产流水线是「线效率时代」,那么今天,则进入了「系统效率时代」。效率不再取决于一个点或线,而是取决于系统的完善、协调和良性运转。

一个人在接到工作任务后，如果总是瞻前顾后，受外界因素的干扰，是很难集中精力、提高效率的。不能排除他人干扰的人，最终是很难快速解决问题的。

要想成功完成任务，用极简的方法解决问题，你就必须排除他人对你的干扰。只有这样，你才能将问题简单化，也才能用最直接的方法解决问题。

作为一名组织者，你的职责不仅仅是将文件传递出去，更重要的是敦促你的中间环节处理者按你的要求及时完成分管职责。

很多人的失败，并不是因为做不好自己的工作，而是因为接手了并不属于自己的事务。这里只要掌握一条就可以了，那就是学会委婉地表达拒绝。

有时，前进一步并不是你刻意追求来的，可能正是因为你把目前的工作做得很好，就顺理成章地上了一个台阶。

信任是简化复杂的机制之一，诚信是极简管理的基础，也是灵魂，没有诚信，事情就变得复杂了。

排除他人的干扰

有一个农场主新雇了一个工人,上工第一天,他们二人开始筑围篱。农场主手里拿的一根木柱突然掉落到泥坑里,泥水溅污了他们的衣服。农场主人虽然显得很狼狈,但看起来似乎是故意这样做的。

当时站在屋内洗碗的女主人看到了这个情形,觉得很是好奇,就问丈夫这么做的原因。

农场主人回答太太说:"我也不想这样做,但是那个小伙子穿着新工作裤,只顾保持裤子的干净而没有好好筑围篱。你有没有发现,泥水溅污了他的工作裤后,我们的工作快了很多呢!"

一个人在接到工作任务后,如果总是瞻前顾后,受外界因素的干扰,是很难集中精力、提高效率的。只有致力于问题的解决,尽自己的全力去完成,而不要管别人怎么说、怎么做,才能快速有效地解决问题。不能排除他人干扰的人,最终是很难快速解决问题的,如果你还有疑虑,请看看下面的寓言故事。

一群蛤蟆进行竞赛,比谁能最先到达一座高塔的顶端,周围有一大群围观的蛤蟆在看热闹。

竞赛开始了,只听到围观者一片嘘声:"太难为它们了,这些蛤蟆无法到达目的地。"

一部分蛤蟆开始泄气了,可是还有一些蛤蟆在奋力摸索着向上爬去。

围观的蛤蟆继续喊着:"太艰苦了!你们不可能到达塔顶的!"

慢慢地,蛤蟆们陆续被说服,停下来了,只有一只蛤蟆一如既往继续向前,并且更加努力。

比赛结束,其他蛤蟆都半途而废,只有那只蛤蟆凭借坚韧的毅力一直坚持了下来,竭尽全力达到了终点。其他的蛤蟆都很好奇,想知道为什么它就能够做到。

一只蛤蟆问它为什么能坚持到达终点。

这时,大家才发现——它是一只耳聋的蛤蟆。

如果这只蛤蟆不是耳聋的话,它能否到达终点就另当别论了。从这个故事中,我们可以吸取这样一个教训,那就是:"要想成功完成任务,用极简的方法解决问题,你就必须排除他人对你的干扰。只有这样，你才能将问题极简化，也才能用最直接的方法解决问题。"

曾有人去白宫拜访美国第二十六届总统西奥多·罗斯福，罗斯福的小女儿艾丽丝在办公室跳进跳出，不时打断他们的谈话。那人抱怨说："总统先生，难道你连艾丽丝都管不住吗？"罗斯福无可奈何地说："我只能在两件事中做好一件。要么，当好合众国总统；要么，管好艾丽丝。既然我已经选择了前者，对后者就无能为力了。"

要么做好总统，要么做好爸爸，衡量两者当然是做一个好总统重要。所以，罗斯福选择集中他的精力来解决管理国家的事务，而不是管好自己的孩子。

在公司里，你难免会遇到很多问题，会碰到各种各样的干扰，如果你什么都去理会，都去控制，那必然会分散你的精力，到最后虽然小事情解决了，重要的事情却因精力不济而耽搁了。

在实际工作中，不要让任何事情干扰你的计划，打乱你的步骤。当你面临很多事情时，如果每件都非做不可，学会分派任务，不妨将一些简单的事情交给其他能够胜任的人。

如果你懂得授权，就可以排除小事情的干扰，集中精力用最直接的方式解决面临的问题了。不要担心将这些事情交给别人会抢了你的功劳，其实他们是帮了你，节省了你的时间，而且他们还会认为是你给了他们锻炼和表现的机会，日后会给你回报和帮助。

除了授权，不要让意料之外的电子邮件、电话和会议打乱你的工作计划，这也是排除干扰的一种重要方法。为控制干扰，你可以这样做：每隔几个小时查看一次电子邮件；将电话转为语音邮件，只回复那些确有急事的电话；下班一小时前才将电话铃声调响。这样做既可以保证你在正常工作时能够专心致志处理紧急事务，又能够使你不用工作到很晚。

干扰工作的最后一种情况是：你的上司随意给你安排额外的工作。"手边的工作都已经完不成了，又丢给我一堆工作，实在是没道理。"这时，你需要"管理"自己的上司，主动提醒老板排定优先级，可大幅减轻工作负担。

老板其实是需要被提醒的。如果你不说出来，老板就会以为你有时间做这么多的事情。况且，他可能早就不记得之前已经交代给你太多的工作。

你当然不可能同时完成这么多的工作，为什么不主动地帮助老板排定工作的优先级呢？你不是不做，但凡事有先后。需要注意的是，讨论的过程中必须时时站在主管的立场思考问题，体谅他所面临的压力。你该做的是协助主管解决问题，而不是把问题推给主管。当然，更不应该自己承受问题。

敦促每个中间环节

由于某些工作有很多中间环节，会涉及多个部门或是岗位，所以增加了协调的难度。假如你是这些工作的组织者，当你把自己的工作做完后，你会怎么办？

在组织某项工作时，大多数管理人员往往只偏重于自己本身所应完成的职责，将工作传递到相关工作部门与工作岗位之后便做起了甩手掌柜。之后，你会发现工作总是不能按时完成。在检查工作结果时，所在的中间环节又各自抱怨留给他的时间太短了，或者是某个中间环节耽误的时间太久了，等等。而工作结果只有一个，那就是你没有按期按质量完成工作，你的业绩等级被打了折扣。

作为一名组织者，你的职责不仅仅是将文件传递出去，更重要的是敦促你的中间环节处理者按你的要求及时完成分管职责。你要把握工作的完整性。在给每个部门、每个中间环节规定完成工作的时间期限时，要经常关注他们工作完成的质量与进度，以免其中的某个或是某些环节影响整体工作进度。

办公室里最怕有浑水摸鱼的人，但也总有这样的人。很多人因为同事浑水摸鱼，不但工作加重，还被老板错怪。虽然心里很不高兴，但毕竟还要和同事天天相处，也不好说什么。他们或许继续低头做事，敢怒不敢言，或者也和同事们一起浑水摸鱼。

这种情况特别容易发生在比较年轻的员工身上，因为他们通常不会找出变通的方法来处理这样的情况，所以很容易受浑水摸鱼的老同事欺负。

虽然每个人做事都有自己的范围，但是你不能总是空等，等着别人把事情做完再交给你。如果你身为下属，却不敢向上司催讨，就表示你没有责任感，最后工作没有完成，老板还是会责怪你。

其实人都有一种惯性，如果你一直提醒他，他就会把你的事情放在第一位；如果你不提醒他，他就会优先处理那个一直去烦他的人的事情。虽然催促会让他觉得很烦，可是在不断地提醒下，他就可以帮你如期完成。

当彼德还是一名员工时，他很少去抱怨浑水摸鱼的同事，而是要求自己，该给别人的一定如期交付，别人该给他的，他一定会软硬兼施，设法让别人如期交出来。

避免同事拖延的最好方法是及早订出自己的行事日程，每天早上一到公司，就要做追踪的工作，可能得花一个小时打好几个电话，在完成期限的几天前，就要提醒别人"你的东西记得给我"。如此一来，就算是之前他忘记了，也还有好几天可以补救，等期限一到，他就没借口拖延了。

而且，千万不要等到最后期限才去提醒人，因为那时不但已经于事无补，还可能会激怒对方，何况对方匆忙做出来的东西，品质也不会好。

如果同事偶尔迟交一两天，可以开玩笑地跟他说：下次你要再这样，我就不管你了喔！如果对方是诚心地道歉、补救，加上情况允许的话，自己加个班，把工作做完，虽然难免心里会不舒服，但把这想成是帮同事一个忙，对方也会很感激你，就不会觉得很委屈了。

但要是不给对方一个警示，对方可能就觉得进度拖延没什么关系，或者习惯叫你帮他收拾残局，你最后可能就落得天天加班。

同事之间的帮助应该是相互的，帮忙与否的分界，主要还是看对方的态度。假如偷懒的同事态度很恶劣，觉得别人为他加班理所当然，那你不要迟疑，请带他一起去找老板谈。

如果遇到这两种情况，就应该直接找老板来处理：

第一种情况，对方态度非常差，或者已经有两三次拖延的记录，你督促无效，就应该告诉老板。

第二种情况，就是对方已经拖延至完成期限，工作注定做不完，加班也无济于事，只好交给主管来处理。

有些人遇到同事拖延工作时，会拒绝合作，达到反制同事的目的。可是，从事情的本质来看，老板一定是希望交代的工作能如期完成，所以你要先考虑：如果你拒绝合作，会不会对你的老板造成损失。

最好不要采取这种消极的抵抗。因为你跟同事之间马上就会闹僵，你不做了，老板第一个动作就是骂作为直接责任人的你，然后还要花点儿时间安抚你，没有老板喜欢花时间做这些事。而且，每个人都难免出错，不要事事都向老板告状，要是你每次都跟老板报告，那就保佑你自己不要出任何差错吧！

保持极简的交往

办公室的人际关系向来是最复杂的,一旦被这张关系网缚住,纵使你本领高强,也施展不出来,最明智的办法就是离这张网远点儿,与每个同事只保持一种简单的人际关系。

身体的疲惫,睡上一觉就能解决,如果思想太复杂了,想睡都睡不着。复杂的社会、复杂的生活、复杂的办公室使人活得很累,而复杂的思想会滋生种种烦恼、妄想。

对一些新参加工作、坐在办公室里的人,他们会感到每个人都没有独立人格,也没有清澈的天空,没有激情和高潮,但是有神秘的表情,潜在的战争,伴随着恭维和狞笑的硝烟和一种看不见的杀伤力。

办公室的不合作往往是以合作的假象进行的。相互拆台,相互猜疑,相互争斗,这就是办公室的生态运动。这一切都是那么的复杂。

办公室里出产最大的精明和最严重的迂腐。有人像猴子似的爬得疯快，有人却总是原地不动，慢慢老化。办公室里的分化就是这般残酷。进入办公室以后，没人在乎你的真诚，没人理睬你的努力，办公室里的人在乎的是那些不能确定真假的话语。

办公室里有强大的压力。在那里，无论你怎么做，都是不够的。办公室里埋藏着一个不言不语的圈套，它使你变得卑微、庸俗、疲惫不堪。办公室智慧是一种实用理性，在这里，没有疯言疯语，没有胡言乱语，甚至连自言自语都要严格控制。办公室里的沉默充满了杀机，办公室里的喧嚣毫无意义，办公室里的表白充满了虚伪。用最丰富的语言和煞有介事的态度来描述最没有意义的事情，这便是办公室里的生存状态。

在办公室里，人人都是观察者、窥探者和评价者。在这里，气度不断萎缩，偏见茁壮成长。一个年轻人在办公室待久了，就会像枯木上的蘑菇，远看像是一堆开放的花朵，其实不过是一个菌种。季节轮换，人事更替，办公室里的风景一如往常，因为办公室的忙碌和空闲都是制度化的。

在办公室里，你要忽略自身的存在，你要淡化自己的才华，你要学会无精打采，学会闭目养神，学会传播无聊的小道消息。直到你融入办公室生活，成为其中的一个不可或缺的零件，你就能从复杂走向简单。

一些老资格的同事可能会在八卦同事的小道消息、私生活趣事，很是无聊，听到这些一定要守口如瓶，听听就算了，千万不要搬弄是非，尤其是关于女同事的。

杰克被一家公司招聘，他对自己充满了信心，觉得自己只要好好干，就会有前途。但是上班的第一天，好几个同事和他谈心，对他提出了一系列要求，并且这些人都是认真的，而且是真心为他好。这些要求主要包括以下十几个方面：

1.在公司注意搞好第一印象；

2.穿着得体，要适宜自己的工作性质和职位；

3.言谈举止要得体，不要过于随便；

4.尽快了解公司文化，多注意观察和学习；

5.尊重同事，虚心求教，不断学习加上埋头苦干；

6.上下班要守时，上班早点儿来，下班晚点儿走，不要轻易为私事请假；

7.主动干一些诸如打水、扫地、整理内务的活儿，这是每个新上岗的人员都应做的事情；

8.工作要紧张有序，刚开始，往往工作量不大，不能坐在那里发呆，要设法使自己忙碌起来；

9.跳出部门框架去看问题，从公司老板的角度去考虑那些真正与公司整体业务相关的东西，设想若你是公司的老板，你会怎么做；

10.为其他同事做些辅助性工作，如打印资料，填写简单表格等，既给人留下勤快的印象，又易于融入同事圈中，得到大家的帮助提携；

11.努力做好交办的每一件事，只有做好每一件事，才能取得领导、同事的好感与信任；

12.不要卷入是非旋涡，最好保持沉默，既不参与议论，更不要散布传言；

13.了解公司的组织方针，以及公司的工作方法；

14.在预定时间内完成工作，绝不可借故拖延，尽量能提前完成；

15.在上司所指示的事务中，有些事件不需要立刻完成，这时应该从重要的事情着手，但是要先将应做的事一一记录下来，以免遗忘；

16.未充分了解上司所交代的事情前，一定要问清楚后再进行，绝不可自作主张。

杰克自己明白，只有自己掌握了公司的这些潜在规矩，才能变复杂为简单，他真希望简简单单地干好自己的工作，轻轻松松地生活。

委婉地表达拒绝

在工作中，你难免被一些琐碎的、不必要的工作所纠缠，这些不必要的工作或是由自己方法不当所造成的重复劳动，或是由同事的要求所增加的，它给你造成了不必要的麻烦，分散了工作精力，所以一定要避免这种情况出现。

不要接手任何别人想给你的问题或责任，如果你接受了所有找上门的问题，你的生活会变成一场噩梦。许多人花费几天、几个月甚至几年的时间处理轻易答应别人的事，而那些事并不是他们分内的事。

很多人的失败，并不是因为做不好自己的工作，而是因为接手了并不属于自己的事务，结果分散了精力，影响了自己的本职工作。这里只要掌握一条就可以了，那就是学会委婉地表达拒绝。

避免承担其他人的责任是《当经理碰上猴子》这本书的主张，写的是有关经理花费了所有清醒的时间，企图处理猴子的恐怖故事，就是因为这些经理许可猴子从主人的背上跳到他们背上。他们还对下属每天早上到他的办公室询问问题处理得如何感到惊讶。这正是可笑的相反状况，不是下属被赋予任务，而是下属委派任务给经理。

一位企业总经理在读过《当经理碰上猴子》之后，将这本书与公司里的几位高级主管分享，猴子这个观念已成了他们企业文化的一部分。有时，职员会跟同事说："有一只猴子在我背上，我快要受不了了，你可以帮帮忙吗？"他们用猴子开玩笑，但都明白说话者是承担了本不属于自己的职责。

时间学专家金·里斯曼曾咨询了一个通信公司的总经理。他的问题是：为什么事情总是做不完？每当有危机发生时，即使是微不足道的危机，他的职员都找上他，期望他解决所有的问题。当金·里斯曼提起"猴子"原则，他明白了。他发现他们的系统变得非常可笑，他实际上在为那些应该为他做事的人做事，于是他采取措施让职员解决自己的问题。几个礼拜后，时间学专家金·里斯曼再见到他时，他变得神采奕奕，工作已经在他的掌握之中了。

如果猴子正骑在你的背上，时间管理专家建议：记住世上到处都是猴子，挑个你最关心的即可。让别人照顾他们自己的猴子，如果他们自己都不打算处理，你就更没理由帮他们处理。偶尔伸出援手也可以，只要你确定帮忙结束后他们会自己照顾猴子。如果你是经理，就把猴子指派给机构里能干的人负责。一个经理的成功与否，应该以他可以让下属做什么事情来衡量。

此外，对于天外飞来的额外工作，不要怯于说不，应该标清底线，妥善评估。

身处职场，同事有可能私底下请你帮忙，经常遇到这样的问题：一位同事突然开口，让你帮他做一份难度很高的工作。答应下来吧，可能要连续加几个晚上的班才能完成，而且这也不符合公司的规定；拒绝吧，面子上实在磨不开，毕竟是多年的同事了。

你不好意思说不，担心拒绝会影响人际关系，以为这样可以巩固同事情谊，一次两次以后，对方就有可能存心占你便宜。私底下帮忙，只能偶尔为之，而且要让对方清楚知道你是卖他一个人情，不能养大他的胃口，该拒绝时，还是要明白说不，当对方知道你的分寸底线何在，自然就不会再三试探。

有人会直接对同事说："不要，就是不要！"这绝对不是最佳的选择，可能会让你和同事以后连朋友都没得做。推托说："我能力不够，其实小A更适合。"那你有没有想过当同事把你的这番话说给小A听时，他会作何反应？有人会不好意思地说："我真的忙不过来。"理由不错，可是只能用一次，第二次再用时，你面对的一定是同事不满的眼光。

这些好像都不是最佳拒绝理由，那我们到底应该怎样婉转地拒绝同事的不合理请求呢？

当你的同事向你提出要求时，他们心中通常也会有某些困扰或担忧，担心你会不会马上拒绝，会不会给他脸色看。因此，在你决定拒绝之前，首先要注意倾听他的诉说，比较好的办法是，请对方把处境与需要讲得更清楚一些，这样才知道如何帮他。接着向他表示你理解他的难处，若是你碰到这种情况，也一定会如此。

倾听能让对方先有被尊重的感觉，在你婉转地表明自己拒绝的立场时，也比较能避免伤害他的感情，或避免让人觉得你在应付。如果你的拒绝是因为工作负荷过重，倾听可以让你清楚地界定对方的要求是不是你分内的工作，而且是否包含在自己目前重点工作范围内。或许你仔细听了他的意见后，会发现协助他有助于提升自己的工作能力与经验。这时候，在兼顾目前工作的原则下，牺牲一点儿自己的休闲时间来协助对方，对自己的职业生涯绝对是有帮助的。

倾听的另一个好处是，你虽然拒绝了他，却可以针对他的情况，给出适当的建议。若是能提出有效的建议或替代方案，对方同样会感激你。甚至在你的指引下找到更好的帮助，反而事半功倍。

当你仔细倾听了同事的要求，并认为自己应该拒绝时，说"不"的态度必须是温和而坚定的。好比同样是药丸，外面裹上糖衣的药，就比较容易让人入口。同样地，委婉表达拒绝，也比直接说"不"让人容易接受。

要婉言，不要严拒，因为温和的响应总是比情绪化的过度反应要好。情绪是具有渲染性的，"不"这个词通常会引发他人强烈的负面感受，所以，当你必须拒绝他人时，就不要再以不友善的言行在情绪上火上浇油。

例如，当对方的要求不符合公司或部门规定时，你就要委婉地表达自己的工作权限，并暗示他，如果自己帮了这个忙，就超出了自己的工作范围，违反了公司的有关规定。在自己工作已经排满而爱莫能助的前提下，要让他清楚自己工作的先后顺序，并暗示他如果帮他这个忙，会耽误自己正在进行的工作，会对公司与自己产生较大的冲击。

一般来说，同事听你这么说，一定会知难而退，再想其他办法，而不会对你产生其他想法。

在拒绝对方之时，从对方的利益考虑，以对方的切身利益为借口，往往更容易说服对方。对同事说你之所以拒绝，并非是因为不肯帮忙，而是为了对方的利益着想。比方说，人家要求你在一个不合理的期限内完成工作，与其哀号说你如何不可能办到，不如说服对方，仓促行事对他而言并不好。例如，"你交代的工作我不会这样马马虎虎、交差了事，但你给的时间这般仓促着实无法做出符合你期望的水平。"这样的话，同事不仅不会怀疑你的意图，还会对你切实为他利益着想的态度产生感激。

拒绝时除了可以提出替代建议，隔一段时间还要主动关心对方情况。拒绝是一个漫长的过程，对方会不定时提出同样的要求。若能化被动为主动地关怀对方，并让对方了解自己的苦衷与立场，可以减少拒绝的尴尬与影响。当双方的情况都改善了，就有可能满足对方的要求。对于业务人员，如保险从业者，当他们无法满足顾客的要求时，这种主动的技巧更是重要。

拒绝的过程中，除了技巧，更需要发自内心的耐性与关怀。若只是敷衍了事，对方其实都看得到。这样的话，有时更让人觉得你不是个诚恳的人，对人际关系伤害更大。

以上是比较简单的拒绝方式，合理运用，就会得到你想要的结果。总之，只要你是真心地说"不"，对方一定会体谅你的苦衷。

对于许多人来说，拒绝别人的要求似乎是一件难上加难的事情。在职场中能够巧妙地拒绝是非常重要的交际能力。我们应该学会懂得拒绝别人，不让额外的任务扰乱自己的工作进度。

在决定你该不该答应对方的要求时，应该先问问自己："我想要做什么？或是不想要做什么？什么对我才是最好的？"你必须考虑，如果答应了对方的要求是否会影响既有的工作进度，而且会因为你的拖延而影响到其他人？而如果你答应了，是否真的可以达到对方要求的目标？

记住，你不是超人，公司聘用你也不是为了解决所有的问题。做好你职责范围内的重要工作就可以了,不要忙着给其他部门提建议,搞策划。如果手上有太多额外的事情,你自己的本职工作往往会得不到很好地完成。

把工作当成娱乐

生命意味着享受生活的乐趣。快乐地工作,快乐地生活,你将会发现这样的人生更有意义!这也是保持简单心态的重要途径,因为快乐工作是最主要的简单心态之一。

你快乐吗?相信很多人都无法给出干脆而肯定的答案。也许有的人会这样认为:"如果我有很多钱我一定会很快乐。"其实快乐并不是建立在金钱与名利基础上的。即使你有了地位,也有了名誉和财富,也不一定能拥有快乐。

拥有健康的身体是一种快乐,拥有一份稳定工作是一种快乐,游山玩水也是一种快乐。快乐是一种感觉,是相对而言的,所谓"知足者常乐"就是这个道理。

保持一颗简单的心,说起来不难。但是,很多人因为欲求不满,而不能快乐地工作。

曾经，有一家著名的人力资源网站在全球范围内开展了一次"工作幸福指数调查"。结果显示：

超过60%的人认为自己所在单位的管理制度与流程不合理；

超过50%的人对薪酬不满意；

超过50%的人对直接上级不满；

接近50%的人对自身的发展前途缺乏信心；

接近40%的人不喜欢自己的工作；

40.4%的人对工作环境和工作关系不满意；

33.6%的人认为工作量大、不合理；

26.3%的人工作与生活常常发生冲突；

19.6%的人觉得自己的工作职责不明确；

16.4%的人与同事的关系不融洽；

11.6%的人工作得不到家人和朋友的支持；

11.5%的人感觉对工作力不从心。

调查结果出来之前，没有人会知道我们的工作竟然会带来如此之多的不快乐。那么，有多少是外因？又有多少是内因呢？如今，大多数人的前途与事业的成败挂钩，我们该如何应对工作中的不快乐呢？对很多人来说，解决了这个问题，也就是解决了人生的基本问题。

在现代这种竞争日益激烈的社会中，在工作上，必须要学会快乐工作，乐在其中，不要让工作成为一种累赘、负担，这样工作起来不但不快乐，工作效率也不高。

拥有一颗简单的心，常常会使人更容易产生快乐，但是工作中的不快乐又是难免的，所以我们要学会克服它。要想快乐地工作，有三方面起着决定性的作用。

首先，领导与员工之间的关系。

领导与员工之间应该建立起一座沟通的桥梁，作为员工，应该具备敬业和乐业精神，要有与企业并肩作战的决心，不要过多计较个人得失。必要时，个人利益应该服从集体利益。而作为领导，也应该多与员工进行沟通，不管是工作上还是生活上，都应该加强交流，对手下多一些关心，多一点儿问候，这些可能比物质奖励更能令人感动。对一些工作上的事，不能只看好结果，好的结果固然让人欣喜，有时即使结果不让人满意，也不要否认过程中的付出。

其次，员工与员工之间的关系。

员工与员工同在一个屋檐下工作，更应该和睦相处，团结一致。每一项工作，不是一个人就能完成的，而是需要群策群力、集思广益，这样才能更好地完成工作。虽说有利益上的冲突，但大家既然都坐在同一条船上，当然都希望这条船一帆风顺地驶向前方，而不愿途中出现风浪或危险。

只有大家共同创造一个好的工作氛围和工作环境，工作起来心情才会舒畅、才会快乐，工作效率当然也是事半功倍！所以每个人都不要带着负面情绪工作，这样不但自己不快乐，与之相处的工作伙伴也不快乐，对工作肯定是有弊无利的。

最后，薪酬和需要能否得到满足。

一个企业不会满足所有人的要求，如果没有被满足，不开心是在所难免的了。我们所要学会的是，在没有离开岗位之前如何有效地克服工作中的不快。

杰克毕业七年了。七年来，他每天都做着相同的事，在办公室发呆。他总觉得看不到未来，更别说什么快乐工作了。他认为，自己的工作就是坐牢，区别只是有的人把自己坐成了"监狱长"，有的人一直是囚犯，他就是后者。

其实杰克不是没事可做，他是资料员，但他是世界上最痛恨资料员这份工作的资料员。他也想过要升职，也曾努力过，但他天生不是那块材料，试了几下就没信心了。他做官没能力、经商没条件、辞职没勇气。

任何一项工作都有价值，所以你永远不要轻看哪一份工作，要用传统的黄牛精神取代不快乐的情绪，最终才能成为幸福而快乐的人。在我们离开自己的岗位之前，要尽力摆脱工作倦怠状态。

首先树立"工作并快乐着"这一理念。一项工作干久了，看上去轻车熟路，实际上会有一种重复"吃剩饭"的感觉。其实，"剩饭"也好，鲜菜也罢，关键是要调整好自己的"口味"，不断地变换一些花样，就像在咖啡里加糖一样，使你的工作不再"苦涩"。

有时，前进一步并不是你刻意追求来的，可能正是因为你把目前的工作做得很好，就顺理成章地上了一个台阶。如果你总是抱怨的话，你会浪费许多时间，因为人总是不满足的。到老了时你还在抱怨，这是悲哀的，因为有许多快乐都没有感受到。

对于快乐、舒适以及财富的追求，其实每个人都有，但最重要的是要脚踏实地，无论你现在处于什么年龄，从事什么工作，都应该学会快乐地满足现有的一切。你现在拥有的，在你自己眼里或许不算什么，但你应该换一个角度想问题，比如，从比你目前状况差一些的人的角度去看，你会发现，或许他们还不如你拥有得多，而且他们可能还很羡慕你。

要保持快乐情绪去工作，需要保持良好的心态。良好心态是获取成功的恒定法宝。当工作烦恼突如其来时，你必须冷静地问自己：这是不是你自己的选择？如果实在承受不了，那就把位置让出来吧。愿意放弃吗？答案是否定的，那就别再抱怨，坚持下去。

做任何事情，都不要心事太重、顾虑重重，全力以赴就够了，太在乎结果会适得其反。心态并不只在大事件或者大波折之中才显得重要。从小事情着手，去培养这样的心态：积极进取，但并非必须成功不可。没有什么失败能让天塌下来，条条大路通罗马。痛苦是有价值的，催促你采取措施解决问题，而不是让你沉溺其中，萎靡不振。

诚信是极简管理的灵魂

在各地的产品质量调查中,我们经常可以发现这样的报道:肉圆是下脚垃圾肉做的,水产品是福尔马林泡过的,牛肉是注水的,咸肉是掺入敌百虫腌的,墨鱼是用硫黄熏的,豆制品是在猪圈里做的,鸡蛋是配好黄粉喂食才有好看的蛋黄的,油条是用地沟油氽的。吃牛怕得疯牛病,吃鸡怕得禽流感……

德国社会学家卢曼说:"信任是简化复杂的机制之一。"没有人们相互间的信任,社会本身将瓦解。几乎没有一种关系不是建立在对他人的确切了解之上的。现在,人们之所以相信品牌,相信广告,就是因为现代生活是建立在诚实信任的基础上的。

弗西斯·福山教授的《信任:社会美德与创造经济繁荣》一书中认为:"信任是从一个规矩、诚实、合作的行为组成的社区中产生的一种期待。"在一个时代,当社会资源与物质资源同等重要时,只有那些拥有高度信任的社会才能构建一个稳定、规模巨大的商业组织，以应对全球经济的竞争。

白沙集团的总经理卢平认为，今天我们之所以把很多事情看得很玄妙，就是因为我们没有坚守诚信。诚信是极简管理的基础，也是灵魂，没有诚信，事情就变得复杂了。比如，在企业中，为什么有些人会推诿责任？

首先是不讲诚信，没有明确他自己的定位，没有明确他的承诺有多么重要。他和企业签了合同，就是约定和承诺的开始，他担任一个职位，就是和企业约定把岗位的工作做好，就要履行岗位职责，否则企业请他来的意义是什么？

如果每个人都按要求履行了自己在岗位上的承诺，管理就简单了。你没有做到，就是不守承诺，违背了职业人的基本准则。其实职业化的核心，也是诚信。

世界之所以复杂，就是因为不是所有人都守诚信，只要我们按客观规律办事，实事求是，事情就不会那么复杂。

白沙集团的核心价值观——3A·HOT中的HOT就是有质量的热忱。热忱的基础是什么？有魔性的人也热忱，但那是破坏性的热忱，有质量的热忱必须以诚信为基础。了解企业在社会中的定位，了解企业的核心诉求，了解你在企业中的定位，了解你的责任和承诺，这太重要了。

一个没有诚信的组织和体制，组织之间、部门之间和人员之间的相互沟通和协作必然非常困难，交易费用和信息交流成本必然很高。没有诚信就不可能有市场经济，没有诚信就不可能创造社会财富，当然也不可能有社会财富的积累。同时，从长期看，没有诚信也不可能有个人的财富积累和持续拥有。

给下属足够的空间

在SOHO中国有限公司，潘石屹很少对员工进行管理监督，因为他觉得不去管理监督并不等于没有管理监督，每个员工都有自己明确的目标，SOHO管理者只是创造了一个竞争的氛围，对于员工工作的过程，则给予足够的空间和自由。

SOHO相信，如果员工要完成自己的目标，势必要充分调度自己的主动性和创造性后才能完成。SOHO不干涉员工工作的过程，但他设置了一个终点，到了考核时，管理层在终点给员工评分。

谈到SOHO的用人，就不得不了解SOHO对员工的分类。在SOHO，一般把员工分成两类，一类是销售人员，由于常年在外，被看成为"外部人员"，其他的员工被称为公司的"内部员工"。

最初，潘石屹给销售人员培训只说两句话：

1.销售人员不要说一句假话；

2.销售人员不要说别人的项目一句坏话。

除了这两句,其他的随销售人员发挥,想说什么就说什么,爱说什么就说什么。该用什么方式与客户沟通,就用什么方式与客户沟通。

潘石屹认为,人力资源管理是公司内部最重要的管理。当他看完《商道》林商沃的故事后,由衷地发出感慨:"让公司所有的员工按照自己的意愿去做事情,这是非常关键的,千万不要干扰他,别觉得自己是一个领导,就总是干扰他。大方向制定了,让他们按照自己的意愿去做事情。计划经济下有些行政命令为什么没做好呢?就是没按企业的意愿,没按个人的意愿去做事情,所以就常出问题,我想这可能是一个原因。"

时下,不少企业在进行总结和报告时,总是"一、二、三……",或者就是"首先、其次、再次……",特别是那些领导部门,让你光看材料都替那些领导感到辛苦。不错,一年下来,领导们要做的工作实在太多,压力也实在太大。但笔者总认为他们其实不必这么辛苦的,而且少管那些"芝麻事",或许会有更好的成效。极简是管理的最理想境界,极简中方显艺术。

对于那些精力旺盛的领导来说,一个人最多也只能管住、管好7个人,他们应该是企业文化的宣传倡导者,而非具体执行者。但目前我们所见到的完全不是那么一回事,往往是什么事都是企业"一把手"说了算，哪怕是再紧急再重要的事，"一把手"不在场，也只能一拖再拖。

作为一个称职的领导，能够在总体上总揽全局，腾出精力做一些决策性、规划性的工作，才是一位合格的领导，而那些具体的工作应交由他的下属们去执行，给他们充分的空间和自由，实现充分授权。只有这样，才能确保企业聘用到符合岗位标准的员工，又能让员工感到有足够的发挥空间，在企业中实现自身价值。

进行极简协作的技巧

1.如果可以的话,你应该把工作进行分摊或是委派以减小工作强度。千万不要陷到这样一个可怕的泥潭当中:认为你是唯一能够做好这项工作的人。

2.在实际工作中,不要让任何事情干扰你的计划,打乱你的步骤。

3.不要让意料之外的电子邮件、电话和会议打乱你的工作计划。

4.每隔几个小时查看一次电子邮件。

5.将电话转为语音邮件,只回复那些确有急事的电话。

6.身为下属,如果上司没有把工作进行分配,你要学会向上司催讨。

7.如果你的工作需要他人配合,你可以不断地进行催促,在不断地提醒下,他就可以帮你如期完成。

8.避免同事拖延的最好方法是及早订出自己的行事日程,每天早上一到公司,就要做追踪的工作。

9.在完成期限的几天前,就要提醒别人"你的东西记得给我"。

10.在我们离开自己的岗位之前,要尽力摆脱工作的倦怠状态。

VII

强调执行的文化

管理是一种执行,执行就要求系统、均衡、一致,但做到这一点是很不容易的。执行本来就很复杂,执行到位更不容易,会有各种压力、变数等意外。

一个企业能否将极简管理长久进行下去，关键的一点就是是否有一种执行的文化，文化有多深，极简管理就能走多远。

极简管理解决的是"知行合一"的问题，是一种执行文化，解决的是企业普遍存在的"理念在天上飘，行为在地上爬"的矛盾。

极简管理的精髓是效率，效率以结果为导向。不管是白猫黑猫，只要能抓到耗子就是好猫。

作为一个管理者，建立正确的、明确的价值标准，并通过奖罚手段的具体实施明白无误地表现出来，是管理中的头等大事。

管理的精髓确实就是这样一条最简单明白，不过也是往往被人遗忘的道理：你想要什么，就该奖励什么。

IBM总裁郭士纳说过："如果你强调什么，你就检查什么，你不检查就等于不重视。"

极简管理的本质是文化管理

诚信是极简管理之魂,责任是极简管理之本,而诚信与责任感都具有典型的文化特质,因此,极简管理在本质上是文化管理。一家企业,只有用文化的手段,在心灵上达到高度认同,才能成功。当文化上升到员工的自觉行为,管理就变得非常简单了。

如果一个企业单设绩效、监督考核等责任体系,没有自己的企业文化,就会出现员工被动、机械地遵守规则的情况,并最终走向消极抵抗和思想静默的局面。极简管理也只能是纸上谈兵。

1999年,有一位管理方面的专家到一家中日合资的精密铸造公司任总经理,他去时公司亏损五六百万元,待三年后他离开时公司赚得了1800万元的利润。

为什么会发生这种变化呢?主要是因为这个公司和集团的价值链、生产链、销售链关联不大,无意之中给了他一个相对独立的做事空间，在这里他开始尝试极简管理。

当时公司的人来自五湖四海，他们的心态是不一样的，很容易冲突，总经理就提出"一视同仁"的概念，在员工中起到一个平衡主导的作用，把各种力量聚集到一起来，只要你把事情做好，你就有升职的机会，你就有增值的可能，你就有一个发展的空间，这就把地位、优越感全部打破了。

当精密铸造公司效益好了，一些员工就开始想"公司该给我钱了""该给我升职了"。总经理看到这个苗头，就对全体员工讲了两句话。一句是"做好是应该的"，因为公司与每个员工都是一种既定的雇用关系。现在公司赚到钱了，就要考虑更高的投入。当然，赚到钱对员工进行再分配也是应该的，但员工不能总想这件事，总想就容易想偏了，还是要做好本职事情。第二句是"做不好是要负责任的"。通过这两句话，公司把大家的心态平静下来了。

对于一个盈利企业来说，不是公司赚钱时人心就齐，有时赚钱时可能人心最不齐。这时，企业就要找到一个平衡点，用一种简单的方式进行协调，这种方式就是建立文化机制。精密铸造公司的总经理把它称为"文化管理"，即领导者要用一种概念，对大家有一种启发，一种规范，一种引导，这也是极简管理的方式之一。

极简管理需要厚实的文化底蕴支撑，从极简管理的背景来看，很多企业还缺乏真正的企业文化系统，更不用说与极简管理相适应的文化系统了。建设企业文化就是锻造企业的灵魂，改变员工的思想，并一代代传承下去，不是一年两年就可以完成的。旧有的惯性思维与行为将是简单思维最大的障碍。文化有多深，极简管理就能走多远。

对于很多企业来说，因企业领导人的更迭而发生管理理念的断层，是屡见不鲜的。很多企业在时任领导者离去之后，旧有的陈规陋习便重新出现，"极简管理"的思想只是划过时空的一颗流星！

如果想让极简管理深入人心，就必须要围绕极简管理的思想重构企业文化，营造企业机制，让责任感与效率原则成为企业基业常青的精髓。一个企业能否将极简管理长久进行下去，关键的一点就是是否有一种执行的文化，文化有多深，极简管理就能走多远。

建立执行的文化

极简管理解决的是"知行合一"的问题,是一种执行文化,这对所有企业都有用。因为只说不练,说一套做一套的企业实在太多了。极简管理本质上是一种执行文化,解决的是企业普遍存在的"理念在天上飘,行为在地上爬"的矛盾。

管理是一种执行,执行就要求系统、均衡、一致,但做到这一点是很不容易的。执行本来就很复杂,执行到位更不容易,会有各种压力、变数等很多导致复杂的情况。我们接受的管理理念是很先进的,但执行上却是背道而驰,极简管理强调执行,强调操作方法和流程,可以很好地解决这个问题。

极简管理要求管理者从战略定位到战略实施都要贯彻执行的基本思想。只有战略具有执行性,执行具有战略性,极简管理的理念才能得以体现。因为从企业管理的整体到细节都贯彻了执行性,那么管理者必然会寻求能保证执行的方法和手段，而简单是其最终的原则和理念支持。因为只有极简管理才既能保持执行性，又能保持低成本，除此，别无他途。

"简单"并不意味着"放弃"，如果没有"执行"，要实现高效率、勤沟通、好服务，一切都是空谈。我们需要一批有良好理解力和执行力的人，才能使企业的整体运营向极简、实用、高效的方向迈进；要有一批能找出方法、找到工具并具备教育能力和耐心的管理者来担负使命，才能使"极简管理"由"口头禅"变成实际行动。它需要我们去认真地准备、体会、实践、执行，这样的简单才会有效率，才能实现我们的目标。

统一核心价值观

想要极简管理,就一定要找到企业的发展规律,核心价值观,如果找不到,一系列问题就会接踵而至。大家都按规律办事,实事求是,开会、发文就能少一些。如果每个员工都能统一价值观,员工就能学会按客观规律办事,凡事找规律。

很难想象,一个意志不坚定的管理者能做出准确及时的决策和决策执行。一个企业具有明确的价值理念,是其成功生存和发展的根本保证。许多企业从"明星"变为"流星",原因是企业在核心价值观上的迷失,使得企业战略变得盲目、复杂而不具有可执行性,这个现象在IT行业表现得非常明显。

明确的价值理念能形成万众一心、同心同德的局面,所谓"上下同欲者胜"。周武王之所以能统一天下,就是做到了这点,他说:"予有乱臣十人,同心同德。"十人同心同德,造就了周王朝八百年的天下。如果没有明确的价值理念是不可能做到的。

高层管理者是极简管理模式的制定者和执行者。韦尔奇提到极简管理的两个必要条件时说：一是领导人要头脑清醒、意志坚定，有着对自己表达清楚准确的自信；二是企业中有非常明确的价值理念，每一个人都能理解事业的目标，每一个环节都能恰当地发挥作用。

这是韦尔奇在接受财经记者采访时脱口而出的话语，他并没有事先准备出极简管理的充分必要条件，却也像一束闪电照亮了混沌的管理世界。

极简管理是一种思维

极简管理最终是一种思维方式，使员工学会按客观规律办事，凡事找规律。极简管理实际上是把"复杂简单化"的一种思维方式。

在杂志上曾看到这么一个真实的故事：

一位会计专业人士曾到一家公司应聘财务经理，经过层层筛选，最后只剩下四人参加笔试。这四个人中，其他三位都是经济管理类的本科生，只有他是一个专科生，他对这次笔试没有一点儿信心。

总经理发给他们每人一张试卷并告诉他们："这就是考题，10分钟以后把答案交给我。"这位专科生一看题目，心里不禁一颤，"1+1=？"，纸上只有这么几个字符。他想不明白总经理在搞什么名堂。对这样一个有些荒诞的考题，他有些不知所措，可另几位应聘者竟然都在奋笔疾书，他实实在在地感受到了自己的不才与无能，这10

分钟对他来说好像足足有一个世纪长。

为了不使自己太过于难看,这位专科生最后在等号后面填上了"2"。看着另几位脸上那份自信,他有些无地自容,便以最快的速度逃出了众人的视线。

第二天早晨8点多,这位专科生接到公司的电话:"你被录用了,马上到公司来上班!"他怀疑自己的耳朵,这怎么可能呢?他又以最快的速度赶到了公司。

总经理召集所有的员工开会,他拿起那张写有"1+1=?"的纸问全体员工:1加1到底等于什么?没有人回答。总经理有些按捺不住激动情绪,说:"有人说1加1等于公司更加美好的未来,他的才智加上老板的谋略,一定能创造一个更加强大的公司。也有人说1加1等于1,说的是他的一份真诚加上他的一份努力,一定能创造出一份让老板满意的成绩。更有人说,老板想让1加1等于几就等于几,他说出了造假账、偷漏税对公司发展的必要性。只有一位很坚定、很教条地说1加1就是等于2,这位就是我们这次录用的林先生。"总经理向那位专科生做了个手势,立刻响起了一片掌声。他的眼睛湿润了。

总经理感慨地说:"人不能过于复杂,我们的世界原本很简单,只是人们复杂的思想把这个社会变得恐怖,变得无奈,变得唯利是图。我没有录用另外三位,是因为一个过于复杂的人,往往会把一些正常而简单的事情变得更加复杂。"

这个世界原本简单，复杂的是我们自己，是我们的大脑，进一步说是我们的思维。大多的烦恼、复杂都是我们自己给的，想让自己别太复杂，只要我们的思维简单得如一泓清水，我们就会没有很多的烦恼和戒备，我们就不会再钩心斗角、尔虞我诈，我们就会如释重负、潇潇洒洒。

管理者要有极简管理的思维，因为简单的思维能让华丽的战略和美妙的愿景落地生根，它显现的是管理者高超的领导力。

想要什么，你就奖励什么

美国有一个管理专家叫米契尔·拉伯福，他是一个从车间里成长起来的管理者。在长期的管理实践中，他一直感到困惑的是，当今许多企业、组织不知发生了什么毛病，无论管理者如何使出浑身解数，企业、组织的效率还是无法提高多少，员工、属下还是无精打采，整个企业、组织就像一台生锈的机器，运转起来特别费劲。米契尔·拉伯福也试图从汗牛充栋的管理学著作中去向管理大师们讨教，最终还是一头雾水，不明所以。

最后有人告诉他，最伟大的真理往往最简单：当你不能理解一个问题时，就从最基本的来，你会找到一些答案的。最伟大的真理往往太重要了，以至于不可能是新的。就这样，米契尔·拉伯福回过头去再从自己的管理实践中反复思索，最终悟出了一条他所说的最简单、最明白也是最伟大的管理原则。

拉伯福认为，当今许多企业、组织之所以无效率、无生气，归根到底是由于它们的员工考核体系、奖罚制度出了毛病。对今天的组织体而言，其成功的最大障碍，就是我们所要的行为和我们所奖励的行为之间有一大段距离。

拉伯福说，他辛辛苦苦发现的这条世界上最伟大的管理原则就是：人们会去做可以受到奖励的事情。管理的精髓确实就是这样一条最简单明白不过也是容易被人遗忘的道理：你想要什么，就该奖励什么。

作为一个管理者，不论是古代的君王、官吏，还是今天的总统、经理，你奖励什么，惩罚什么，无疑就是向世人昭示你的价值标准。你的下属、员工或者认同你的价值标准，努力做你希望他做的事，成为你希望他成为的那种人；或者不认同你的价值标准，脱离你的企业而去；或者是阳奉阴违，投机取巧。

所以，作为一个管理者，建立正确的（符合企业、组织根本利益的）、明确的（不是模棱两可、摇摆不定的）价值标准，并通过奖罚手段的具体实施明白无误地表现出来，是管理中的头等大事。

拉伯福说，他在管理实践中有两大发现：

第一，你越是奖励的地方，在这方面你得到的就越多。你不会得到你希望的、要求的、渴望的或哀求的，你得到的是你做出奖励的地方。在任何情况下都可以判定，人和动物都会做对他（它）们自己最有利的事。

第二，在尝试着要做正确的事时，人们很容易掉入这样的怪圈，即奖励错误的行为，而忽视或惩罚正确的行为。比如，我们希望得到A，却不经意地奖励了B，而且还在困惑为什么会得到B。

也就是说：你要求人们做出什么行为，与其仅仅停留在希望、要求上，不如对这种行为及时做出明白的奖励来得更有效。人们往往犯这样的错误：希望得到A，却得到了B，原因是他自己不经意地奖励了B。

拉伯福说，企业在奖励员工方面最常犯的有十大错误：

1. 需要有更好的成果，却奖励了那些看起来最忙、工作得最久的人；
2. 要求工作的品质，却设下不合理的完工期限；
3. 希望对问题有治本的答案，却奖励了治标的方法；
4. 光谈对公司的忠诚感，却不提供工作保障，而且付最高的薪水给最新进和那些威胁要离职的员工；
5. 需要事情简化，却奖励了使事情复杂化和制造琐碎的人；
6. 要求和谐的工作环境，却奖励了那些最会抱怨且光说不练的人；
7. 需要有创意的人，却责罚了那些敢于特立独行的人；
8. 光说要节俭，却以最大的预算增幅，奖励了那些将企业所有资源耗得精光的职员；

9.要求团队合作,却因奖励团队中的某一成员而牺牲了其他人;

10.需要创新,却处罚了未能成功的创意,还奖励墨守成规的行为。

如果你是一个管理者,你也可以对照拉伯福所说的这10种错误,举一反三,验证一下自己是否犯过类似的错误。例如:

1.我们是不是口头上宣布讲究实绩、注重实效,却往往奖励了那些专会做表面文章、投机取巧之人?

2.我们是否口头上宣布员工考核以业绩为主,却凭主观印象评价和奖励员工?

3.我们是否口头上宣布鼓励创新,却处罚了敢于创新之人?

4.我们是否口头上宣布鼓励不同意见,却处罚了敢于发表不同意见之人?

5.我们是否口头上宣布按章办事,却处罚了坚持原则的员工?

6.我们是否口头上鼓励员工勤奋工作、努力奉献,却奖励了不干实事、专事捣鬼、钻营之人?

强调什么，你就检查什么

IBM总裁郭士纳说过："如果你强调什么，你就检查什么，你不检查就等于不重视。"德鲁克大师的目标管理在全球普及甚广，但实施中却有很多企业走形变样，其中一个痼疾就是工作追踪很差。如果没有工作追踪，一个企业是不可能建立一种执行文化的。

管理大师德鲁克认为："要想完全实现企业的计划与目标，执行到位，就必须进行追踪和控制，通过设定目标对整个组织的行为进行控制，把整个企业、把各种资源调动起来，围绕目标往前走。"

如果行动与目标发生了偏离，通过工作追踪及时把这个偏离的情况进行记录，然后把这个信息进行反馈，并采取一定的调整措施，就能保证我们的目标能够按照原来的设定实现。工作追踪主要包括下面几点：

1.衡量工作进度及其结果；

2.评估结果，并与工作目标进行比较；

3.对下属的工作进行指导；

4.如果在追踪的过程中发现严重的偏差，就要找出和分析原因；

5.采取必要的纠正措施，或者变更计划。

那么一名优秀的上司应该如何进行工作追踪呢？

第一，了解下属是否把他所有的资源和精力都用在达成目标上。如果是，那就不需要对他进行纠正。有可能是他在能力上或工作方法上不行，那我们需要做的就是教练的工作，在能力方面对他进行培训，或资源方面给予补充。

第二，要明确授权，以免造成下属在工作时事事请示。

工作追踪是在给人充分授权的情况下，让下属在按照自己的想法做事情的基础之上所进行的追踪。而且，工作追踪不是干涉，不是说你来替下属做决定、给下属支招，而是对下属的工作做出一个目标完成情况的评价。

工作追踪第一步：搜集信息

搜集信息现在主要有这样几种途径和方式：

1.建立定期的报告、报表制度。很多公司销售部门、生产部门的定期报告制度要好一些,甚至连值班日志都已经很规范了,但其他大多数部门可能就是以口头汇报为主,这是不行的,一定要制定严格的报告、报表制度。

2.定期的会议。

3.现场的检查和跟踪。

这些工作就方法而言,并不复杂,但关键是要能细致并且不断坚持。

工作追踪第二步:给予评价

在给予评价时要注意以下四个要点:

1.要定期追踪。

管理者有时候工作一忙,就顾不上去了解下属的工作情况,而一旦形成三天打鱼、两天晒网的习惯,下属的工作就有可能渐渐松懈。对下属工作追踪要养成定期的习惯,同时让下属也感到主管有定期检查的习惯,这是非常重要的。

2.分清工作主次。

管理者的事务很多,不可能事事追踪,因此一定要分清事情的主次，对重要的事一定要定期检查，而次要的事则不定期抽查。

3.对工作进行评价。

工作评价的一个重点是看目标是否偏离，有时候是与目标有差距；有时候是具体方法的差异；有时候看上去业绩实现了但目标实际上是偏离了。如果评价发现目标有偏离，就要及时把它拉回来。

4.避免只做机械式的业绩和目标的比较，应当发掘发生偏差的原因。在分析偏差时，首先必须分清哪些是下属无法控制的因素引起的。

工作追踪第三步：及时反馈

经理必须定期地将工作追踪的情况反馈给下属，以便下属：

1.知道自己表现的优劣所在。

2.寻求改善自己缺点的方法。

3.使自己习惯于自我工作追踪及管理。

如果发现下属目标达成不理想，那么可以提建议。有的下属，当你指出他的工作偏离了目标，他能够很快地意识到这一点并根据主管的建议去进行调整。另一种方式就是强行把目标拉回来。

不论是采用哪种方式，都必须做到及时反馈，这样坚持的时间长了，大家就会发现，凡是偏离公司目标的事情是绝对不允许的，这就在公司内形成了一个基本的职业原则。既激励大家去完成目标，又震慑那些有可能故意偏离目标的人。

重结果，轻过程

工作追踪中最常出现的问题是经理人在进行工作追踪时，追踪的不是目标，而是下属的实现方式。有的经理认为工作追踪应以下属的工作表现为主，每天都能保证不迟到、不早退，在领导视野所及的范围内勤奋工作的就是好员工，问他们这样做的理由，他们会说："我就看到某某工作认真了，所以他就是好员工，某某人我从来没看见他干什么。"

比如，在规定的市场区域里，经理一年要完成500万元销售额，这是公司设定的目标，那么，一个月就是40多万。如果连续两个月上司看到销售额没完成，就容易产生干涉，然后在旁边指导，或者是喋喋不休。这实际上是在追踪该经理的实现方式，而不是一年500万元销售额的目标了。

事实上，因为经理的精力有限，不可能对所有下属的工作表现都能感觉到。这种只追踪形式而不管结果的行为，一方面造成工作追踪的片面性，另一方面也很可能伤害到其他员工的感情，从而起不到工作追踪、进行阶段性工作评价的作用。

因此，工作追踪应当着重客观性的标准——工作成果，极简管理的精髓是效率，效率以结果为导向。不管是白猫黑猫，只要抓到耗子就是好猫。这只猫能否生存并不在于它长着多么美丽的皮毛，也不在于它的肥瘦，而更多地取决于它是不是能够抓到耗子。如果猫是靠自己的皮毛或者乖巧而生存的话，它至多就是一只宠物，命运永远掌握在主人的手里。

企业也是一样，很多大型企业的考核体制正在向过程考核发展，这其实是一个很危险的信号。很多在机构臃肿企业工作的员工事实上都不知道他们工作的最终结果是什么，是为什么目标服务的。

重结果，轻过程，并不是完全不重视过程，而是要强调结果，一定要让全体员工明白，工作结果是为客户和利润服务的，要重视工作的实际结果，而非过程。

进行"五清"管理

在工作中,给人一种简练、利落的印象很重要。因为简练、利落就意味着高效,要想达到这一效果,首先要做到环境简洁,然后选择极简有效的工作方式。

最近,有一种被简称为"五清"的自我管理方式十分流行,其精髓就是实现极简。

"五清"没有什么高深难懂的概念,从头到尾都在强调"清理、清爽、清扫、清洁、清正",这5个我们日常生活工作中最常见的东西,它的可贵之处就在于保持清理、清爽、清扫的成果,持之以恒维持清洁的环境,并养成清正的良好习惯。其本质就是为了实现极简,排除与工作无关的干扰,实现管理的有效化。

清理——将工作场所的任何物品区分成有用的和没用的,除去没用的物品留下有用的。

对没用物品，立即清理出工作场所，作废弃处理；对较少使用的物品，应清离工作场所，作回仓储存处理；对常用物品（够1天用），适量留在工作现场，余下的回仓储存。其目的就是腾出空间，使工作空间简单明了，以减少误用、误送。

清爽——把留下的有用物品，根据使用状态分门别类，按规定位置摆放整齐，同时要做到先进先出原则，并加以明确标示。

清理工作完成后，接着就是要对这些留下来的各类物品做分门别类、方便存取、一目了然的清爽工作。操作程序：

1.首先要腾出物品放置空间；

2.按物品种类、使用频率、特性、体积大小、轻重等分门别类；

3.将存放就位了的物品进行确认，是否可以满足门类分辨清楚，按先入先出原则是否方便拿取，确认无误后确定位置；

4.物品、机械、工具、工作台等要摆放整齐，要竖直、横平；

5.做成物品放置位置图（货架摆放位置图），位置确定后，不要随意改动，自然习惯后，可节省很多找寻时间；

6.标示：物品名称及规格标示（多标示在货架上及区域标示如A区、B区）。物品先入先出标示，一般情况下按交货期月份标示即可，如3、4、5、6等一些有颜色区别的不干胶标签，字体大小设置，可在3~4米远的地方能看清楚即可。标签上数字表示为月份，如3、

4、5、6分别表示3、4、5、6月入库的货品。

看起来让我们觉得有点儿麻烦，甚至是复杂的，但我们要明白这些是工作的前奏，而不是工作本身。其目的是为了减少找寻物品的时间，使工作时有好心情，让我们工作起来更便捷，操作也变得极简，效率自然会提高。

清扫——工作场所彻底清扫干净，保持工作环境清新、亮丽。

从地面、墙壁到天花板及一些死角地方都要进行彻底清扫。办公场所的桌、椅、茶几要干净，玻璃门窗光洁明亮，无尘埃；垃圾、废品堆放处要干净整洁。保证无破损物品、水管漏水以及噪声、污染等现象。

这样可以创造良好清新的作业环境，并杜绝污染源，使员工有好心情，同时可以减少工业伤害和职业病。

清洁——维持清理、清爽、清扫的"三清"结果。

进行定时或不定时确认检查（制定检查制度、检查确认表），通过对比反映出改善成绩，让"极简"的工作环境得到长期保持。

清正——养成遵守规定的习惯，团结、进取、投入、敬业。

每个人都要实行"五清"的目的是，使复杂的事情极简化，使简单的事情重复化，使重复的事情习惯化，以达到高效的结果。

强调执行文化的技巧

1.用一种概念,对大家有一种启发,一种规范,一种引导,这也是极简管理的方式之一。

2.你想要什么,就该奖励什么。你越是奖励的地方,在这方面你得到的就越多。

3.你要求人们做出什么行为,与其仅仅停留在希望、要求上,不如对这种行为及时做出明白的奖励来得更有效。

4.强调什么,你就检查什么。

5.工作追踪应当着重客观性的标准——工作成果,重结果,轻过程。

6.使复杂的事情简单化,使简单的事情重复化,使重复的事情习惯化。

VIII

建立极简的机制

企业面对的是市场,强调的是速度,要做到随时、迅速地贴近市场,只有极简的运营流程和相应的企业结构,才能提高市场反应速度,提高企业的整体竞争力。优秀公司的制度一般都具有极简的特征,极简是竞争力的表现。

"治大国若烹小鲜",在老子的心里,始终有一个自然秩序。而建立极简的机制,形成自然秩序,正是极简管理的核心。

一个复杂的业务模式和盈利模式,因为它的影响因素太多,任何一个因素的变化都会导致整个时间进程和成本的变化,从而使管理变得不可控制,最终会导致企业的整体亏损。

在大多数公司中,中层管理人员除了一些"整理工作"以外——如阻止一些观点向上传和阻止一些观点向下达——真的几乎没有什么作用。

以客为尊,是指无论公司内部还是外部,都必须以顾客为导向,以简约为原则,因为面向客户很简单,面向权力很复杂。

明智的营销者应该冲破复杂情结,"极简"理应成为营销界的圣杯。这是因为时间的重要性与日俱增,消费者也越来越没耐心。

责任体系的建设,是极简管理的内在精髓。企业要进行战略管理,就必须明确企业内部各个岗位的主要职责及各个职务之间的分工与协作关系。

形成一种自然秩序

一个企业所倡导的文化,一定程度上可以抵消体制带来的不利影响,但完全把企业的发展和命运押在文化倡导上,风险是很大的,必须建立起一种有效的机制和制度,形成一种自然秩序。

老子曾经多次讨论"道法自然"管理的精义,明确提出了管理的最高境界是"无为而治"。在汉朝的鼎盛时期——文景之治,遵从的就是这一策略。"治大国若烹小鲜",在老子的心里,始终有一个自然秩序。而建立极简的机制,形成自然秩序,正是极简管理的核心。

极简管理就是通过某种机制、某种自然秩序,使每个人明确自己的定位,并且明确自己干得好有什么奖励,干得不好有什么惩罚,它要求不管是高级管理者,还是普通员工,都知道自己什么时候该做什么。

在一个企业中,每个人都要围绕某个目标做自己分内的工作。就是这个目标的进展程度,决定了每个人在各个环节上,什么时候应该做什么、做到什么程度,这些东西用不着管理者指手画脚,因为都规定清楚了。

比较相近的一个例子是交响乐团在演奏一首歌曲时,不管号手也好,小提琴手也好,他们都知道到了哪个环节他应该做什么,用不着指挥告诉他。也就是说,当企业中的每个岗位、每个环节、每个人都知道什么时候该做什么,企业的自然秩序就形成了。

极简管理顺应事物的自然规律,去除由于人的过于干预而导致的对自然规律的扭曲,还事物的本来面貌。在对事物的认识上,能使管理者具有高度的洞察力,不被表面现象所蒙蔽,准确掌握事情的本质;在解决问题上,能抓住关键问题,突出重点,提高解决问题的效率,使管理更具执行性。

也许有人会问,形成自然秩序时,为什么要建立极简的机制呢?

这是因为,自然秩序的运转必须有一定的环境条件,需要有一定的规则。高级管理者该做的事,无非就是建立并维护企业自然秩序的运转。员工该做的就是把岗位上的事做到最好,他们的目标和做事的标准都非常明确。

企业逐渐形成运作的规范,然后再把这种规范演变成每个人的自然思维方式,就像呼吸一样自然。像山姆·沃尔顿那样,围绕着为客户节约每一个铜板这个商业的根本而形成一种极简秩序,这种管理就比较简单。按规则建立一个简捷有效的系统，每个人都明确自己在系统中的定位，身体力行地履行职责，这就是极简管理的核心。

在企业中，建立极简管理的机制，形成一种自然秩序，包括以下几点内容：

1.改造流程。复杂是因为流程太长，要重新梳理。流程是企业管理机制的基础，极简管理要求我们要建立面向顾客的流程。面向客户就非常简单，而面向权力就非常复杂。改造流程包括业务和盈利模式、组织流程、生产流程、销售流程等。

2.建立责任体系和清晰的奖惩机制。建立牵引、激励、压力、动力机制，奖励那些做得好的人；形成文化的和制度的压力，让员工明白不这样做就会受到惩罚。

进行"减法"经营

业务模式和盈利模式越是极简,企业的管理越易于控制,时间流程和成本就易于掌握;业务模式和盈利模式越是极简,业务的积累性和盈利模式的持续性就越好。

一个复杂的业务模式和盈利模式,因为它的影响因素太多,任何一个因素的变化都会导致整个时间进程和成本的变化,从而使管理变得不可控,时间进程和成本的不可控,最终会导致企业的整体亏损。

极简管理在模式上是简约和集约的集成。简约产生速度,集约产生整体力量。要想让业务模式和盈利模式变得极简,就一定要学会"减法",进行"减法"经营,有所为,有所不为。

在数学演算中,加法与减法处在同一个层次,难易相当,但在企业中,做减法却比做加法难得多。这不仅因为做减法意味着一种舍弃,还有"舍弃"总不如"得到"接受起来顺当。

在中国人的观念里,说不、承认错误、承认失败总是很难的。企业家选择做减法,譬如放弃某种业务、某个市场,无疑是剜心之痛。但是只要能让心脏跳动更为有力,这种说"不"的行为,就是了不起的。

在这点上,美国西南航空公司的成功为我们带来了弥足珍贵的启示。由于大的航空公司喜欢跑长线,利润高,西南航空便避开锋芒,专门开辟城市与城市之间的短线。航班多,准点起飞;不设座位号,随到随坐,先到先坐;不设餐饮,只提供一杯咖啡,这些说"不"的措施最终保证了西南航空公司的一枝独秀,即使在"9·11"事件之后航空业最艰难的时节,西南航空公司也是盈利的。

然而,诱惑总是伴随着成功而来。当一家企业的经营规模变大,手头上的钱多了,市场上的各种诱惑也随之而来。现在很多中小企业起点高,人员素质高,融资渠道也畅通很多,有钱又有做大事业的抱负,投资冲动自然也多。

这时候,企业领导者的自信心常常会膨胀,觉得自己有能力做很多事。原来比较清晰的业务模式和盈利模式也会模糊起来,陷入繁杂的泥潭。

每个企业都能找到多元化投资的理由,都觉得自己已经具备投资多个领域的能力,但是真要进入实际操作阶段,资源的投入、人的投入，这些都不是一蹴而就的事情。

在如今这个竞争激烈的商业社会里，每个企业、每个人，在一个特定的时间段里，真正能做的事很少，适合自己并能做成功的事更少！作为一个企业，集中资源做对企业贡献更大、更有价值的事，从而减少犯错和横生枝节的代价，更容易获得成功。所以，与其做大，倒不如凡事从简切入，集中优势资源，专注于自己擅长的事业，遵循持久经营的原则，整合出属于自己的核心竞争力。

比如万科集团，在辉煌时期做减法，坚决抛弃所谓"日本商社模式"的构想，集中全部精力和资源在住宅领域做出了响当当的万科品牌。再如格兰仕集团，当众多家电企业纷纷向多元投资时，它专注于比较狭窄的微波炉领域，做成了全球"龙头企业"。

现在，格兰仕又集中力量，发挥自己在国际性制造方面的优势，进入空调生产领域，其手法简单、干脆。还有爱立信等公司，果断地把手机生产环节外包出去，只专心致志地"做价值链上自己最强大的部分"。

长沙远大集团总裁张跃说："樱桃就那么一点儿大，可我觉得它比冬瓜好吃多了。强比大更重要。"

"KISS"原则

在《帕金森定律》一书中,有这么一个故事:

在某个企业中,有个当官儿的A君,他觉得自己劳累过度。究竟是他的工作真的太多,还是仅他自己感觉这样,这倒无关紧要。需要顺便提一下,A君的感觉(或许是幻觉)很可能是由于他的体力渐衰而引起的,这本是中年人常见的正常现象嘛!

不论工作繁重是真是假,他现在面临的只有三种选择:第一,提出辞职;第二,让同事B君来分担自己的工作;第三,要求增加C先生和D先生来当助手。

按照一贯的做法,A君恐怕毫无意外地要选择第三种办法了。因为如果辞职,他就失去了领取养老金的权利;请来级别和自己相当的B君,等到日后上一级的W君退休,岂不是在自己晋升的道路上树立了对手？

因此，A君宁可找C先生和D先生来当助手，何况C、D二位的到来等于提高了他的地位。他可以把工作分成两份，分别交给C先生和D先生，而自己成了唯一掌握全局的人。

说到这儿，有必要强调一下，C先生和D先生二位是缺一不可的。单单补充一个C先生那可不行。

为什么呢？

因为只让C先生分担A君的工作，C先生几乎就是充当了原本就不想要的B君角色：C先生成了唯一可以顶替A君的人。所以，要找助手，非找两个或者两个以上不可，只有这样，他们才可以相互制约，牵制对方的提升。

有朝一日，C先生也开始抱怨疲劳过度（毫无疑问他是会走到这一步的），A君会跟他商量，再给他也配上两名助手。鉴于D先生和C先生的地位相当，为了避免矛盾，A君只得也给D先生增配两名助手。

于是，在补充了E、F、G、H四位先生之后，A君自己的晋升就十拿九稳了。如今，七个人在做A君过去一个人的工作。组织一下膨胀了七倍。

组织规模扩张迅速，使得组织变得臃肿但不强壮。等组织变复杂了，它的获利却大大降低，这是因为公司进行了很多周边的琐碎事务。可以说，让公司变得复杂的行动，是人类行为中最能降低效率的行动。

每一个人、每一个企业，都是许多相互对抗的力量协力造成的产物。而这对抗，是由许多不重要的琐碎的势力共同对抗少数的但必要的势力。这些琐碎无用的多数，代表着企业里无所不在的惰性和无能，它们和企业中有活力和创造性的力量混杂一处，结果我们常常是既分不出垃圾，也看不见宝石。

商业世界和人生一样，总是朝着复杂的方向发展。复杂后面的面纱，隐藏的还是一张官僚的脸。极简管理的企业流程，面向客户就非常简单，而面向权力则非常复杂。

所有复杂的企业都存在资源浪费和效率低下的情况，特别是一些大型的企业。他们没有专注在应该关注的事情上，很多大型企业都在进行昂贵的、无生产力的活动，而且这种活动的数目极其庞大。

复杂往往会造成浪费，企业的高效来自极简。所以，任何企业都可以做到降低成本，把进行中的活动加以简化，并把低价值或负面价值的活动消除，让顾客享有更好的服务；任何时候都应该记住"KISS"原则（Keep it simple stupid! 意思是"这个笨蛋，怎不知简化！"）。

优秀公司最重要的特色，莫过于能及时灵活地采取行动。许多公司虽然规模很庞大，但它们并未因过分复杂而停滞难行。它们从不屈服，也从不创设任何永久的组织。它们从不沉溺于长篇大论的公文报告，也不设立僵化的组织结构。它们深信人一次只可能处理少量信息，并且一旦意识到自己是独立自主的，他们就会大受鼓舞，其工作积极性也大大提高。

一般公司内常有的抱怨是其组织过分复杂，然而，优秀公司却没有这样的问题。Digital、德州仪器、惠普、3M、IBM、达纳、麦当劳、埃默森、比克特尔、波音、德尔塔航空等公司的高级领导并未被一大堆公司组织图或工作说明所"淹没"，他们准备妥当，集中火力，瞄准目标，在尝试中学习。

在我们看来，优秀公司的结构形式只有一种关键的特性——极简。只要具有极简的组织形式，很少的员工就可以完成工作。事实上也是这样，大部分优秀公司的管理层员工相对较少，员工更多的是在实际工作中解决问题，而不是在办公室里审阅报告。

在基层，实际操作者更多，管理者很少。因此，我们粗略地得出了"百人规则"，即大型公司的核心领导层没有必要超过100人。埃默森电气公司拥有5.4万名员工，但公司总部员工少于100人。达纳公司拥有3.5万名员工，但其总部已由1970年的500人减少到现在的大约100人。施卢姆贝格尔探油公司，一家拥有60亿美元资产的多元化石油服务公司，用大约90名管理员工经营着这个覆盖全球的大帝国。

麦当劳的管理人员也很少，正像雷·克劳克那句经久不衰的格言："我相信公司的管理应该是'人越少越好'。"所以一个企业尤其是小型公司，尽量不要设分管职能的副职。一个副职，夹在总经理和部门经理之间，往往会成为可有可无的摆设。更严重的是，可能会多了一个可以推诿责任和酿造是非的人。

在拥有10亿美元资产的英特尔公司，事实上没有固定的行政人员，所有部门间的行政人员分配都是临时性的。在价值20亿美元的沃尔－玛特公司，创建者萨姆·沃尔顿说，他相信公司总部空无一人的规则："关键在于走进商店仔细倾听。"

同样的规则也适用于一些经营状况良好的小公司。如ROLM公司，它是由15名员工组成的，公司总部管理着价值2亿美元的业务。当查尔斯接管价值4亿美元的克利夫兰公司时，他被行政人员的数目吓坏了。在几个月的时间里，他把公司总部人员从120人减到了50人。

联合航空公司前任主席爱德华·卡尔森曾提出过一个"水漏"理论。在大多数公司中，中层管理人员除了一些"整理工作"以外——如阻止一些观点向上传和阻止一些观点向下达——真的几乎没有什么作用。卡尔森认为,中层管理人员是一块海绵,如果中层的人员少一些,亲身实践管理就能更好地发挥作用。

因此,如果想让你的企业更有效率、更有活力,就必须先给你的企业减肥。

标准化、流水线作业

如今，很多企业的生产效率都有很大的提高，除了机器的更新外，还有一个更大的原因就是优化了管理，建立了极简的业务流程。由于每个员工都能在自己的岗位上做着自己熟悉的工作，工作任务也是一次又一次地细分，每个职员可以全身心地投入自己的工作中，生产效率自然提高了。

要想实现业务流程的极简，最基本的标准是"灵活"，即你的应用系统能否根据业务的变化而快速变化。"灵活"需要几个环环相扣的条件：专业化、标准化、模块化和集成化、流水线作业，其中又以专业化最根本——有了专业分工才谈得上标准化；有了标准化才可以做到模块化；有了模块化，才可以任意进行搭积木式的组合与集成，进行流水线作业。

许多年前，有一位销售经理代表一家供应商去拜访一家罐装饮料厂，该饮料厂生产处于试制阶段，各项运输设备还没有到位。

当这位销售经理来到工厂时，厂长正准备将1号仓库里几千箱装满饮料的箱子转移到50米外的2号仓库。由于没有叉车，当厂长一声令下要求转移货物时，20多个工人便一哄而上。每个人都独自从1号仓库取下沉重的箱子，然后走上几十米到2号仓库再自行叠放起来。

由于两个仓库的仓门过窄，一个人进出没问题，多个人同时进出就困难了。很快人来人往地搬运已经使得仓库门口和过道拥挤不堪，互相碰撞，仓库的箱子也放得东倒西歪，场面混乱。

许多人开始积极性还很高，甚至一次搬两箱饮料来回跑。不到一会儿，饮料箱转移还不到十分之一，大家都累极了，于是有几个工人就坐下来一边休息一边抱怨箱子太沉。

看到这种情形，前来探访的销售经理灵机一动，想起曾经听过一个救火的故事：

有一次，一个偏远的村子失火，没有消防车，只有附近的村民赶来救火。当时情况很危急，附近有一池塘可以取水救火，但离火场还有一定距离。情况危急，怎么办？

村长一声令下，让所有村民回去取来家里的脸盆，一字形排开，从距离数百米的水塘一直排到火场，从池塘取来的装满水的水盆就通过手递手的方式一直传到火场，洒向火苗。火扑灭了！避免了更大的损失，村长的办法起了作用。

想起这个故事，销售经理就跟厂长要求让他来指挥，厂长见他挺有把握，就答应了。

销售经理先安排了两个工人分别到1号和2号仓库里取放货，其他的人从1号仓库到2号仓库之间一字排开，每个人固定站好自己的位置不走动，站在1号仓库里的工人取下饮料箱传递给仓库门口的工人，仓库门口的工人再把箱子传递给另一个工人，就这样通过组成的人链把一个个箱子传到了2号仓库，由2号仓库的专门负责叠放的工人仔细叠放，来访的销售经理负责监督整个搬运流程，保持节奏一致。

凭借这么小小的一个方法，几千箱沉甸甸的饮料不一会儿就搬完了。搬箱子、取箱子、叠放箱子，一般常规的想法是通过一个人去完成，而管理上劳动分工的做法是将动作分解，不同的工作交给专人来做，各个领域专家的组合胜过全部的"万金油组合"。日本为什么在管理上那么强，就是因为他们管理分工得好，没有完美的个人，只有完美的团队。

大型企业之所以是大型企业，根本的区别就是大型企业每个人的分工都比较细，而小型企业没有太严格的职能区分，每个人什么都做，甚至是每个人都重复地做同样的事情，没有沟通好就会产生摩擦，产生了摩擦才想起解决。如果不从根本上解决这一问题，小型企业就很难做强做大。

分工细是为了适应管理的需要，但分工太细了也会产生整个工作的不衔接，这也是沟通的问题，如果找不到新的解决方法，沟通的成本又会增加。如何改进这一现象？答案就是进行流水线作业。

在汽车生产发展的历史上，曾经是一个工人负责安装汽车所有的部件，那时候汽车不动，人动。是老福特发明了流水线作业的方法，制造了汽车装配的流水线，这时候是汽车动人不动。流水线的发明引来了整个工业的革命。如今的管理界，流水线的工作方式不仅适用于制造部门，在其他的管理部门也同样适用，这是另一个形式的流水线。将业务流程重组后信息化就成了今天人们常说的"ERP"，业务流程重组和信息化必然导致下一场更大规模的产业革命。

在上面的箱子传递过程中，其实还涉及一些细节，比如每个人保持怎样的腰部动作，传递的节奏和时间保持在什么水平等，通过这样一些标准化的动作，可以避免受伤，而且省力。这使笔者想起了泰勒科学管理之父泰勒，为谋求高效率，用科学化的、标准化的管理方法代替旧的经验管理。

泰勒的管理革命始于18世纪，自此给美国带来了新一轮的管理革命，美国赶上英国成为世界第一工业强国。泰勒管理精神的精华就是，制定科学的业务流程，不仅实现工具、机器、材料标准化，还对作业环境、作业流程实现标准化，形成书面文件，并培训工人使用标准的操作方法，使之在工作中逐步成长。

以客为尊,一切皆极简

据说,北京、上海等地的白领阶层喜欢到宜家家居(IKEA)购买居家用品。不仅因为IKEA的产品具有北欧风格,新潮而彰显个性,价格也合理,更重要的是它们简洁实用,可拆卸分装运输,方便顾客购买。正是这种以客为尊、化繁为简的经营智慧,造就了这个全球性的著名品牌。

以客为尊,是指无论公司内部还是外部,都必须以顾客为导向,以极简为原则,因为面向客户很简单,面向权力很复杂。企业的价值、员工的价值,最终还是客户来评价,客户是企业的上帝。所以面对客户,一切的答案都很简单,那就是全心全意的服务,发自内心的服务,所有的一切都是为客户创造价值。

实行极简管理,一定要用市场需求来统领员工的意识和行为。一定要让员工知道我们所做的一切都是为客户创造价值。客户需要速度、效率，我们怎样满足他，怎么才能提高速度呢？记住，要求你速度快的，不是总经理，而是客户；要求你提高质量的，也不是总经理，而是客户。

早些年，国外某著名航空公司发生了一件危机事件。送餐时间将到时，一位有些疲惫的空姐推着餐车对另一位说："哎呀，又要喂猪了。"恰巧被一记者听见。于是事情闹大了。该航空公司尽管耗尽努力，但是"视客为猪"的恶劣影响终难挽回，没过几年，该公司就被人兼并了。

用客户关系来使企业内部关系极简化，是极简管理一个很重要的方面。有些企业为什么能做得很快？因为他的老板一直在和客户沟通，每天都在揣摩客户。如果把这种揣摩扩大，变成员工自觉揣摩客户，那么极简管理就成功了。

在欧莱雅，人人都在营销，人人都必须担负起与价值链上最前端接轨的责任，对统一的品牌负责。无论根基如何深厚，品牌都可能是非常脆弱的东西。我们可以目睹一些声誉卓著的公司，他们在很短的时间内一落千丈，因为他们不再努力加强对客户的忠诚度；他们企图指手画脚地告诉客户需要什么，而不是虚心听取客户的意见；他们在诸如财务报表和环境保护等商业道德和社会问题方面马失前蹄，酿成大错。而一旦摔了跟头，重新建立品牌谈何容易。

在中国的企业中，很多管理者都没有培育"以客为尊、全员营销"的意识，所谓营销，在他们看来，只是销售部门、销售人员的事情。很多企业的管理者给员工一个明确的暗示：做好自己的工作，其他的不用你管。

这种过于倡导内部竞争、相互提防的气氛显然无法做到以客为尊。那么，怎样才能唤起那些离一线市场较远，习惯按部就班的员工的危机感，才能使企业全员具备共同求生的意志呢？

善于学习的海尔推出了内部购买机制——SST。所谓SST，就是流程与流程之间、职能与职能之间进行索酬、索赔。与不少中国企业一样，海尔的SST也是"下工序是上工序的客户"思维的体现，不过海尔的做法更细分、精确和制度化，核心就是市场风险意识前移，责任落实到位。

让产品极简化

在有关人生的忠告中，最富哲理、最耐人寻味的部分通常不是教人如何做"加法"——追求尽可能多的财富、权力、成功和欲望的满足，而是教人如何做"减法"——过极简的生活。

大哲学家培根就曾告诫那些权力欲过盛者，说他们是君主、荣誉和事业的"三重意义的奴仆"，连人身自由都没有。19世纪的英国学者切斯特顿亦称"过分的享受反而无法享受"，明智的选择应是"同时享受一些极简的东西"。

约翰·斯加利（John Sculley）在担任苹果公司总裁时，在一次演讲中讲了一个非常独到、精彩的见解："我们在工业时代唯一学会的，就是去制造越来越多的复杂。但是，我想现在越来越多的人开始去学习怎样实现极简，而不是复杂。"极简是复杂的终极形态。

20世纪80年代，日本推出烧煮和加热合一的微波炉，按钮有十几个之多。虽可烹饪菜肴200多种，但还是遭遇冷落。看到这种情况，厂家顺应了消费者的"有效需求"，大胆革新，把按钮减到简单的几个，最终受到了消费者欢迎。

对大多数消费者来说，很多产品的一些附加功能甚至包装都是过剩的。现在许多小皮包、文件包都设计了密码锁，看起来很高级，用起来却给人增加了很多烦恼。只要稍不小心，轻轻一碰，密码就会活动，例如"8"变成"9"或"2"。由于密码不对，好多皮包锁上后就打不开，需要用改锥撬。

在实际生活中，类似这种华而不实、徒劳无益的产品还有很多，设计者、制造者和经营者以为这样可以招徕顾客，多赚些钱，其实恰恰相反，一旦客户觉得附件的功能增加了其使用难度，就会放弃使用产品。

有鉴于此，生产经营者应从方便消费者使用的角度出发，在设计产品时多使用"减法"。大名鼎鼎的美国实业家爱克尔就是靠运用"减法"起家的。

一天，爱克尔在纽约街上散步，看见一家小店将一块块咸肉切成均匀薄片，装在两磅装的纸盒里出售，生意很好，立即产生联想："如果再改成一磅装，生意可能会更好。"于是他依计行事，创办了山毛榉食品公司。从此，山毛榉食品公司声名鹊起，逐渐闻名全美国，乃至全世界。

运用"减法"思维方式的经营者并非独此一家。日本东芝公司对X射线CT诊断设备,"减"去一般病员不需要且造价昂贵的功能,售价比美国通用电气公司的同类产品便宜40%有余,一举夺得了在美国及国际市场的竞争优势。

纵观时下的企业营销活动,令人遗憾的是,大多数企业除了在"价格战"中会用"减法"外,对产品的结构、功能、性能、包装,以及服务项目的形式和内容,则只知道用"加法",硬把一些过剩的质量或享受塞给顾客。如此,价格很自然就上去了,"消费成本"也势必"水涨船高"。如此,只能导致顾客对此类企业退避三舍。

对产品的多余功能、性能、包装进行删除,就够了吗?客户的使用就简单了吗?看看宝洁公司的做法,也许你还能更进一步。

在商店,我们经常能看见那些从未购买的商品,这种浪费是惊人的。根据科特·萨尔蒙公司的研究和佩因·韦伯公司的分析家安德鲁·肖尔的研究结果显示:7.6%的个人护理和家用产品占据了该领域全部销售额的84.5%,其余许多产品几乎从未被消费者注意过。

像宝洁这样优秀的公司也容易在这方面犯错。作为世界著名的消费品生产商,宝洁花了几十年的时间耍杂技,一会儿对这个搞搞新意,比如清新柠檬,一会儿对那个"改进改进",比如超大装。但是,这个世界是否真的需要有31种不同的海飞丝香波或52个版本的佳洁士牙膏呢?

还好近年来他们的管理层已经认识到这一点，宝洁曾经的总裁Durk Jager在一篇文章里说道："很难想象消费者这些年都是怎么过来的，我们的所作所为实在是难为他们了。"所以，宝洁决定实行配方标准化，清除非重要品牌。

后来，宝洁公司在美国本土的产品名单和品种都少了许多。

那么，产品品类少了，销售额会不会因此下降呢？

不会。以护发素系列为例，虽然品种被削减过半，宝洁公司的市场份额在当时却提高了5个百分点，达到36.5%。在日本，宝洁公司将其化妆品的种类由1995年7月的1385种减至9个月后的828种，销售额攀升了6%。这就是极简的力量。

宝洁公司不但砍掉了低收益的品种与品牌，而且在经理们推行新产品时，也通过实施预算监控的方法来对新产品实行所谓的"生育控制"。

让营销极简化

营销专家认为,去繁就简,在现代营销中已经成为一个基本要素。这是因为时间的重要性与日俱增,消费者也越来越没耐心。其实,"减法"经营并不限于产品的功能和包装,还包括产品的销售和流通。

譬如盛极一时的有奖销售最终走向冷寂,一个重要的原因就是消费者感觉操作过于烦琐——你必须等一段时间,到时还得手忙脚乱地找报纸或海报,才能知晓开奖结果。而简简单单,不占用消费者多少时间就能让消费者获得想要的东西,这样的营销方式显示出越来越大的魅力。

寻找最有效的促销工具,专家的建议是不可钻牛角尖,厂商只要把自己放在消费者的位置上想一想,就应该领悟到:极简的,才是有吸引力的。

到市场上去看看，产品的包装和颜色会让人眼花缭乱。但你究竟能够清晰地记住几个产品？回想一下，你其实只记住了那些包装设计最复杂的和最简单的。而复杂的包装虽然给了你一个深刻的印象，但也许你已经完全记不得它是什么产品了，而简单的在你心中一定还有清晰的印象。

　　简单的东西往往更容易让大脑记住，而大脑记住复杂的事物比简单的事物要难。有位设计师曾说过："设计就是无数线条、颜色、文字的拼凑，越复杂的设计越容易拼凑，而越简单的设计越难。"

　　有的企业把自己的CI注解得十分复杂，极简的CI标识代表着几十层含义。极简是一种美，极简更是一种先进的理念。所以，只要你深刻地认识到了极简的重要性，那么，极简就是你的撒手锏，就是你的"十步一杀"。

　　宝洁公司调整其产品名单的活动，仅是其庞大的极简化战略的一部分。宝洁正大刀阔斧地削减其大部分的营销活动，从而在削减成本、更好地为顾客服务以及全球扩张的活动中，于各种复杂的层面中开辟出一条道路。

　　除了对失去控制的产品繁衍说"不"之外，宝洁公司正在全世界范围内将其产品的配方和包装标准化，砍掉低效的促销活动。

　　在一次勇敢的行动中，宝洁公司将其提供给零售商的无止境折扣活动大量减少，而相应地降低了大多数产品的标价。宝洁公司领导人皮普说这种战略是"为了试图避免由于不断涨跌而造成的品牌忠诚度下降的价格模式"。

宝洁公司同时也大幅削减了给消费者的赠券。从1980年4%的回收率降至后来的2%，赠券已成为一种越来越低效的吸引新顾客的方法。相应地，宝洁公司将大部分钱用于降低价格和其他的促销活动，如试用等。

宝洁公司，当今世界最大的广告主，甚至在重新考虑它应该花多少钱来做广告，将广告支出预算置于显微镜下仔细研究，以便在千禧年之前将总营销成本由以前占收入的25%压缩到20%。

这家公司通过把大多数媒体购买费用集中在一个广告代理机构的做法，节约了数百万美元。同样，通过使用更少的制片厂和利用同一地点为数个国家制作广告，它已减少了25%的电视广告制作成本。

明智的营销者应该冲破复杂情结，"极简"理应成为营销界的圣杯，更少其实就是更多。企业开始认识到，他们生产的东西和营销渠道都实在太多了。

最重要的是责任体系

2002年3月,因小小的辅料问题,造成白沙卷烟集团生产线停产一天,损失严重。表面上,事故的直接原因是供应商的产品存在问题。但透视整个流程,相关部门完全可以通过自己的恪尽职守及时发现错误。但是,集体的麻痹意识造成了相关控制环节的层层失守,丧失了避免事件发生的多次机会,最后酿成事故。

白沙集团的企业领导人由此认识到:企业管理,最重要的就是建立责任体系,原先带有行政色彩的体系必须彻底改变。而各层管理者,特别是中高层,还没有完全成为"职业选手"。

为此,他们召开了推进职业化的动员大会,企业内100多名中高层领导全部实现了"无偿转换身份"。从此,在这个企业中,"中高层"只意味着"岗位",而不再具有任何"身份"的意义;只意味着"资源",而不再意味着"资本"。

很多公司管理很粗放，各方面责任不清楚，非常复杂，员工要面对很多文件、会议、电话，繁文缛节使他们陷入了困境。在一些商业企业中，还存在着不同程度的职责不清、分工不明、权力与责任相分离等问题，造成办事拖沓、工作效率低等状况。它们表现在：

1.科、室、组分工不明确，要么遇事谁都不管，要么遇事谁都插手，造成相互扯皮，严重地影响工作效率。

2.企业内部横向联系比较差，协调能力比较弱，使执行任务者只能四方请示，八方汇报，大大地延长了工作流程，造成公文旅行和文山会海现象。

3.企业用人多少缺乏一个客观标准。有定编，无定员，编员脱节。

其实，责任体系的建设，是极简管理的内在精髓。企业要进行战略管理，就必须明确企业内部各个岗位的主要职责及各个职务之间的分工与协作关系，它能大大地提高企业战略管理的科学性、系统性、有效性。

麦肯锡公司定义一个好的团队，必须拥有下面的条件：

1.清楚目标，并相信目标是重要的；

2.知道自己的特定使命；

3.知道如何实现目标；

4.团队有适宜的整套技能；

5.为结果负责。

在麦肯锡，团队中每一位成员都有自己的责、权、利，作为团队中的一员，你必须负责，不负责就失去了你的权力。在SOHO房地产公司也一样，每个职位都有明确的工作要求和考核标准。每个员工都有推广和宣传SOHO和SOHO产品的责任。

对于责任体系的建立，"抽屉式"管理是一种极简的方法，它在现代企业战略管理中发挥着重要的作用。采用"抽屉式"管理的公司也越来越普遍，人们认为"抽屉式"管理是21世纪初现代化管理发展的新趋势。

当前一些经济发达国家的大中型企业都非常重视"抽屉式"管理和职位分类，并且都在"抽屉式"管理的基础上不同程度地建立了职位分类制度。

顾名思义，抽屉，即办公桌上的抽屉。"抽屉式"管理法是一种通俗形象的管理术语，在现代化管理中，也叫作"职务分析"。"抽屉式"管理要求企业内部各级管理人员分工明确，责权范围清楚，职、责、权、利相统一，使企业各项管理工作有条不紊，以实现企业内部各项管理工作的规范化、标准化、制度化。

据调查统计：美国在1981年采用"抽屉式"管理的企业为50%，1985年为75%，而1999年为95%以上。泰国企业在1998年采用"抽屉式"管理的为90%以上。最近几年，香港的大中型（集团）企业都普遍实行"抽屉式"管理，使企业上下分工明确、职责权限清晰，大大提高了企业管理的效率。

"抽屉式"管理的主要含义就是在每个管理人员办公桌的抽屉里，都有一个明确的职务工作规范。它包括两个方面的含义：

1.对每个人所从事的职、责、权、利四个方面进行明确的规定，做到四者统一；

2.明确每个人所从事的管理和主要业务，分工协作关系，横向纵向联合事宜，以及上下左右的对口单位等，达到理顺企业管理关系的目的。

"抽屉式"管理是近几年世界上最为流行的一种新的管理方法。它的主要内容应包括以下两个方面：

1.业务科室的职务分析，即职能权限范围。业务科室的职责权限范围分析，应根据企业的总体目标、生产经营指标以及专业对口的要求和协作关系进行层层分解、逐级落实、明确规定。

2.管理人员的职务分析即"职务说明"或"职务规范"。

管理人员的能力分析要根据管理层次的不同分别进行,它的关键是处理好集权与分权的关系。比如在一家大型煤矿企业,副矿长要对矿长负责,副总工程师应对总工程师负责,科员要对科长负责,科长要对对口矿长负责,等等。

在现代企业管理中,既不能有职无权,也不能有责无权,更不能有权无责,必须职、责、权、利相结合。进行"抽屉式"管理,能理顺企业内部各个职务的主要责任、权力、利益,明确各个职务之间的分工和协作关系,同时可以有针对性地进行人员的培养,以达到人与事的合理配合。

由于"抽屉式"管理把每个人的职务、责任、权力、利益都规定得非常明确而又具体,各级管理人员都可以在规定的职责权限内发挥最大的作用。

"抽屉式"管理的最大特点是职责明确,它能大大地提高企业管理工作的系统性和科学性,是顺利地、有效地完成大中型企业各项工作的必要条件。它规定企业内部各个职务的工作性质、特点和任务,并根据其要求来选人用人。所以说,企业内部实行"抽屉式"管理是企业战略管理的保证。

"抽屉式"管理的核心是实现企业管理的规范化。针对企业经营管理活动过程中反复出现的事物制定全面的、系统的、合理的程序与标准,使企业管理工作逐步走向科学化。

企业在施行"抽屉式"管理方法时,首先要组织一个由各个部门结成的职务分析小组,并对职务分析小组进行短期培训,以掌握"抽屉式"管理的概念和内涵。

其次,企业应围绕企业的总体目标、生产经营指标,根据业务对口编制业务科室职责权限范围。

再次,企业应分层次进行管理人员分析,按职、责、权、利四者的统一,制定管理人员职务说明或职务规范。

最后,企业需制定必要的考核、奖惩制度,与"职务分析"法配套执行。

建立极简机制的技巧

1.通过某种机制、某种自然秩序,使每个人明确自己的定位。

2.不创设任何永久的组织,不设立僵化的组织结构。

3.管理层员工相对较少,员工更多的是在实际工作中解决问题,而不是在办公室里审阅报告。

4.一个企业尤其是小型公司,尽量不要设分管职能的副职。

5.不要固定的行政人员,所有部门间的行政人员分配是临时性的。

6.对大多数消费者来说,很多产品的一些附加功能甚至包装都是过剩的。

后记

在"大众创业,万众创新"的时代,企业的生存之路越发艰难,企业处在这样纷繁复杂的环境中,采取极简的方法,往往可以巧妙地化解矛盾,从而起到奇效。为此,我和好友张毅联手,合著了这本《极简管理》,第一章至第四章是由我所著,第五章至第八章由张毅所著,我们将各自多年的企业管理经验整理出来,并收集了大量经典的成功管理案例,与理论知识相结合。希望本书可以帮助更多职业经理人找到适合自己企业或团队的管理方法。

西武

2018年9月14日于北京